KB098834

실패,
아무것도
아니다

실패,
아무것도
아니다

고난을
딛고 일어선
CEO 17인의
이야기

C-Suite Club 지음

이콘

목차

영어가 밥 먹여주냐?
줍니다!

강태영

1986~2004년	한국 릴리 제약 영업 및 마케팅 이사
	일라이 릴리 본사
	마케팅 매니저
2004~2007년	한국 엘러간 대표이사/사장
	(주)바이오폴 대표이사/사장
2008~2010년	칼 자이스 비전 코리아 한국 지사장
2010년~현재	스탠튼 체이스 코리아 대표이사/사장

청운의 꿈을 안고 건너간 태평양, 하지만…

"Mr. Kang, You don't need to come to the Chicago meeting."

거의 매일 같이 생각나는 이 문장!

제 인생에서 가장 큰 수치심과 허망함, 배신감까지 느꼈던 말이었습니다. 모국어가 아닌 영어로 일을 하다 보면 크고 작은 실수로 인해 여러 에피소드가 생기기 마련입니다. 하지만 사건이라고 부를 정도의 일은 쉽게 일어나지 않습니다. 저 말은 적어도 저에게는 사건이었습니다. 아, 그전에도 비슷한 사건이 하나 또 있었습니다. 제 표현으로 '전과 2범'인 셈이죠. 이 두 사건의 자초지종은 이렇습니다.

2000년, 다국적 제약회사인 L사의 한국지사에 재직 중이던 저는 미국 본사에서 근무할 수 있는 특혜를 얻었습니다. 지금이야 다국적 회사 본사에서의 근무나 해외 지사 근무가 흔한 일이지만, 당시에는 정말 보기 드문 경우였습니다. 제가 다니던 회사에서도 그런 혜택을 받은 전례는 단 한 명뿐이었고, 제가 본사로 이동할 때에도 S대 약대 출신 직원과

저, 단 두 명만이 미국 본사에서 2년간 근무하라는 '특명'을 받았습니다.

그때만 해도 이런 내용이 제약/바이오 관련 업계신문에 크게 기사화될 정도로 파격적인 혜택이었습니다.

회사로서는 아시아 지역 내에서 한국 시장의 규모가 커가는 데다, 직원 교육도 필요하고, 회사의 이미지를 높인다거나 직원들의 근로 의욕을 고취하겠다는 다양한 이유가 있었겠죠?

게다가 L사 한국지사의 윗분들이 '강태영'이라는 사람을 콕 집어서 미국으로 보낸 건, 제가 약과 질병에 대한 전문지식도 어느 정도 갖고 있고 영어도 꽤 잘한다고 판단했기 때문이라고 생각합니다. 2년의 본사 근무를 마치고 한국에 다시 돌아오면 크게 써먹을 목적도 있었을 거고요.

솔직히 높으신 분들의 생각까지는 잘 모르겠고, 당사자인 저로서는 엄청난 기회였습니다. 생활비 비싸다는 그 미국에서, 그것도 가족들과 함께, 집은 물론 차량까지 제공해주는 파격적인 근무 조건이었으니까요.

이렇게 청운의 꿈을 안고 태평양을 건너간 저는 본사 글로벌 마케팅 당뇨 팀에서 일을 시작했고, 근무 3개월 만에 첫 번째 실패를 맛보게 되었습니다.

당뇨병 환자를 치료하는 방법에는 여러 가지가 있는데, 그중 하나가 인슐린 주사를 맞는 것입니다. 당시는 회사에서 유전자 공법을 이용한 휴먼 인슐린을 개발해 시장에 출시할 때였습니다. 이전에 사용하던 동물 인슐린보다 부작용이 적은 제품이라 회사의 기대가 컸습니다. 본사의 글로벌 당뇨 팀에는 출시된 상품의 영업 목표 달성을 위해 독일 출신 마케팅 전무님을 포함하여 각 지역(미국, 유럽/중동, 아시아)을 맡는 세 명의 마케팅 담당자가 있었습니다. 제가 바로 그 아시아 지역 담당자였습니다. 어느 날, 전무님은 각 지역 담당 매니저들에게 각각 다섯 장 분량의 마케팅 전략 초안을 마련하라고 지시하셨습니다.

어떻게든 잘하고 싶었습니다. 마치 수능시험을 앞두고 밤새워 공부하는 고등학교 학생처럼 최선을 다해서 전략 짜기에 몰두했습니다. 그런데 전략을 짜는 일주일 내내 걱정이 앞서더군요. 전략 내용이 가장 중요한 건 맞는데, 저로서는 전략이 맞고 틀림은 두 번째 문제고, 우선 단어선택이나 문법이 맞는지가 걱정이었습니다. 일반적으로 사용하는 단어가 아닌 특이한 단어를 쓴다던가, 철자를 틀릴까 봐, 전문용어를 몰라 문장이 길어지지는 않을까 고민이었습니다.

당시에는 '구글'도 없고 번역프로그램도 없어서, 한국에서 가져간 두툼한 '영한사전'과 '의학용어사전'에만 의지하던 때였습니다. 오죽했으면 대학 때 공부했던 어휘학습서 (Vocabulary 22000을 다시 들춰보기까지 했겠습니까. 특히나 정관사^{the}, 부정관사$^{a/an}$는 제대로 맞게 쓰고 있는지가 자신이 없었습니다. 질병과 약에 대한 이해는 전공 분야였기에 충분하다고 생각했습니다만 영작은 정말 자신이 없었습니다.

아무튼, 나름대로 온 힘을 다해 작성한 'How to switch Animal Insulin to Human Insulin'이라는 전략을 제시간에 전무님께 무사히 제출했습니다. 받자마자 읽어 보시던 전무님 표정이 굳어지는 걸 봤습니다. 잠시 정적이 흐르더군요. '뭔가 잘못되었구나!' 직감하는 순간 전무님이 말씀하셨습니다.

"Tony(제 영어 이름), 루이스 오라고 해." 루이스는 동료 마케팅 매니저인데 영국에서 온 친구였습니다. 전무님은 루이스에게 내 담당인 아시아 지역 전략을 다시 검토하라고 지시했습니다. 1주일 뒤, 아시아/개발도상국 마케팅 전략은 영국인이 바라보는 시각으로 완전히 바뀌었습니다. 이 전략을 포함해 프린트된 전략집을 본 저는 '쥐구멍이라도 있으면 들어가고 싶은 심정'이었고 당장 짐을 싸서 한국으로 돌아가고 싶었습니다.

익숙하지 않은 언어 때문에
수모를 겪다

이런 일이 있고 난 이듬해 5월, 두 번째 사건이 터졌습니다. 해마다 미국에서는 당뇨병 치료의 새로운 방법들을 연구해서 발표하는 일종의 학술대회(미국 당뇨병학회ADA, American Diabetes Association)가 개최되는데, 2001년에는 시카고에서 열릴 예정이었습니다.

여기서 당뇨병과 관련된 약, 의료기, 식음료를 제조 및 판매를 하는 회사들은 자사의 제품들을 홍보하기 위해서 대규모 전시를 하게 됩니다. 라스베이거스에서 열리는 CESConsumer Electronics Show에 삼성전자가 참가하는 것과 유사하다고 할 수 있겠습니다. 제가 다니던 L사 역시 미국은 물론이고 세계를 무대로 당뇨 환자를 위한 의약품을 개발 및 판매하기 때문에 가장 좋은 자리에 가장 큰 부스를 설치, 운영할 예정이었습니다.

글로벌 마케팅팀 소속이었으므로 당연히 이 행사에 홍보요원으로 참여하리라 생각하고 있었습니다. '고객(의사/간호사)이 오면 어떻게 우리 제품을 홍보해볼까? 한국에서 온 의사들을 만나면 얼마나 반가울까? 어떻게 대접을 해주지?'

하는 생각이 머리에 가득 차 있었습니다. 한국에서 올 의사들은 거의 모두 알고 있었으니까요. 대회를 한 달 앞두고 성공적인 전시를 위해 글로벌 당뇨팀이 준비모임을 가졌습니다. 앞서 말한 마케팅 전무님, 3명의 매니저, 5명의 관계자, 전시기획회사 직원 등 약 30명이 모여 각자의 의견을 이야기하며 열띤 토론을 했습니다. 그런데 미팅이 끝난 후, 전무님이 조용히 저를 자기 방으로 부르시더니 낮고 조용한 목소리로 문제의 그 말을 하시더군요. "Mr. Kang, you don't need to come to the Chicago Meeting." 당황스럽기도 하고 화가 나 따져 물었습니다. "제가 왜 못가지요?" 그러자 전무님은 두 가지를 지적하셨습니다.

"당신은 조금 전 미팅에서 '동물인슐린을 휴먼인슐린으로 전환해야 한다는 내용을 학회에서 홍보를 해야 한다'고 강조를 했는데 사실 학회에 참석하는 의사들의 80% 이상이 미국이나 유럽 출신이고, 거기는 이미 휴먼인슐린을 사용하고 있는 시장이다. 그래서 당신의 생각과 타깃팅Targeting은 맞지 않았고, 게다가 참석한 의사를 상대로는 휴먼인슐린 디바이스 사용법을 잘 설명하고 새로운 제품을 홍보해야 하는데 그러기에는 당신의 영어가 충분치 않은 것 같다."

지난번 아시아 마케팅 전략에 대한 아쉬움 때문에 회의시간에 한마디 했던 게 전무님의 심기를 건드린 것 같았

습니다. 이건 어떻게 변명해볼 수 있다지만 영어는… 영어
는…. 할 말을 잃은 저는 그냥 돌처럼 굳어버렸습니다. '영
어'로 인한 수모였고 쓰디쓴 경험이었습니다.

돌이켜 생각해보면 아마 그 전무님은 '너는 그 시간에 조
용히 사무실이나 지키는 게 낫겠다'라는 말을 돌려 말했을
지도 모른다는 생각이 듭니다.

그날 이후, 정말 열심히 영어공부를 했습니다. 퇴근하고
도 영어로 말했고, 생각도 영어로 해보려고 노력했습니다.
그래서인지 어찌어찌 본사 근무를 마치고 한국으로 돌아올
때는 임원으로 승진해 영업마케팅부서를 총괄하게 되었습
니다. 다행히도 그 역할은 '영어'의 능숙함보다는 '영업'의
실적을 요구하는 자리여서 무난히 해낼 수 있었습니다.

한국지사장의
자격

3년 정도 임원의 역할을 충실히 하고 있을 때 뜻밖의 기
회가 왔습니다. 보톡스를 판매하는 있던 A사로부터 한국지
사장 자리를 제안 받았습니다. 사실 외국계 기업에서 일하

는 임직원들의 로망은 지사장이 되는 거 아닐까요? 기업에서 임원이 되는 것을 군대에서 별 다는 정도로 비유하자면 지사장은 별 셋쯤 될 것 같습니다. 지리산 골짜기에서 태어나 지방 대학 출신인 저에게 이 기회는 흔히 말하는 가문의 영광이고 마을의 자랑거리여서 이 제안을 거절할 이유가 없었습니다.

하지만 지사장으로 옮기고 1년도 채 되지 않아 또 시련이 닥쳤습니다. 역시나 영어 때문이었고, 그것도 이번에는 '숫자'가 걸림돌이었습니다.

본래 지사장의 역할은 자신의 모든 역량과 리더십을 발휘해, 본인이 맡은 나라의 매출은 늘리고 경비는 적게 사용함으로써 회사의 이익을 극대화하는 겁니다. 지사장들은 매년 9월 정도가 되면 이듬해의 사업계획을 준비하고 발표해야 합니다. 사업계획에는 여러 내용이 포함되겠지만 결국은 숫자 싸움이라 할 수 있습니다.

사업계획을 발표할 때는, 본사와 지사와의 갈등도 있습니다. 제가 있었던 A사의 경우에는 본사 역할을 하는 아시아 태평양(이하 아태) 사장과 각 나라 지사장들이 대립하는 상황이었습니다. 어디나 그렇겠지만 본사의 논리는 각 나라의 지사가 경비는 적게 쓰고 매출은 늘려서 이익을 최대화 해주기를 원하고, 반면 지사장들은 경비는 넉넉히 쓰면서 매출과 회사이익은 적당히 해보려고 합니다. 그래서 최소한의 영업목표와 최대한의 경비사용을 목표로, 본인에게 유리한 사업계획을 준비하고 발표합니다.

각 나라의 지사장들은 본인 나라의 사업계획을 발표할 때 여러 이유를 들어 어려움을 호소합니다. 하지만 아태 사장 본인도 본사로부터 할당받은 목표가 있기에 이를 적절하게 배분하려고 합니다. 가능하면 모든 나라가 목표를 달성해 아태 지역 전체의 목표를 채우려고 하겠죠. 당연히 지사장들과는 조금 다른 시각에서 검토하게 됩니다.

지사장들이 사업계획을 발표할 때 아태 사장은 도입부에 대해서는 동의하는 척 끄덕끄덕합니다. 하지만 뒷부분의 '숫자'를 발표할 때엔 호랑이가 토끼를 잡아먹을 듯 예리한 눈으로 숫자 하나하나에 아주 민감하게 질문을 해댔습니다.

미리 준비한 숫자를 그대로 발표하는 것에는 별다른 문제가 없었습니다. 그러나 아태 사장의 송곳 같은 질문에 원화를 정확히 달러로 환산하여 답변하는 것은 여간 어려운 것이 아니었습니다. 쉬울 것 같은가요? 작은 숫자도 아니고 백만, 천만, 일억 달러 등을 환산한다는 건 절대 쉽지 않습니다.

게다가 한국 사람들은 태생적으로 한계가 있습니다. 초등학교 때부터 배운 숫자의 단위가 서양과 아예 다르니까요.

우리는 만, 억, 조 단위로 0을 네 개씩 끊어서 계산하는 것에 익숙해져 있습니다. 하지만 서양의 숫자는 0을 세 개씩 끊어서 Thousand, Million, Billion으로 계산하고, 쓰고 읽습니다. 게다가 달러 환율도 고려해야 합니다. 여기까지 계산해서 1초 안에 신속하게 답변하는 것은 거의 불가능한 일이었습니다.

또한, 숫자 앞에 붙여 쓰는 by, at, on, in 등의 전치사는 언제 어느 것을 사용해야 하는지 여간 어려운 것이 아니었습니다. 그에 비해 영어를 모국어로 쓰는 지사장에게는 아무런 문제가 되지 않았습니다. 본인 머릿속에 있는 숫자를 그대로 말하면 그만일 뿐이죠.

빠릿빠릿한 답변을 하지 못한 저에게 본래 계획보다 '높은 목표+낮은 경비'라는 결과가 나오는 것은 뻔한 일이었습니다.

회의 결과를 기다리는 직원들을 볼 생각을 하니 미안한 마음뿐이었습니다. 결국, 그 숫자는 모두가 같이 짊어지고 가야 하니까요.

그리고는 한국에 돌아와 직원들에게 거짓말을 했습니다. 사업계획 발표를 잘해서 예상보다 '목표는 적게, 경비는 충분히' 받아 왔다고요. 그런 거 있잖습니까, 목표를 엄청 높게 잡으라고 했는데, 그래도 말을 잘해서 조금만 올렸다. 비용도 조금만 더 아끼자. 이런 식으로요.

지금도 그 친구들한테 미안합니다.

"권 상무, 박 이사. 미안하오."

A사에서 3년간의 임기를 마치고 이번엔 세계 최고의 안경 렌즈를 만드는 독일 광학회사인 Z사의 지사장으로 이직했습니다.

이번에는 본사 CEO에게 직접 사업계획을 발표해야 했습니다. 당시 CEO는 새로 부임한 젊은 분이어서 열정이 대단했습니다. 본래는 아태 지역 사장으로부터 보고를 받아야 맞지만 새로 부임한 터라 각 나라의 지사장들로부터 직접 보고를 받겠다고 한 거죠. 여기에도 복병이 도사리고 있었습니다.

대면으로 하는 발표라면 어느 정도 자신이 있었는데, 이번에는 자료를 미리 보내고 전화로 발표하라는 겁니다. 지금 생각하는 화상회의가 아닙니다. 2009년, 말 그대로 국제 전화로 회의하는 방식이었습니다. 설상가상으로 새로 부임한 CEO는 한국은커녕 아시아의 어느 나라도 방문해 본 적이 없는 완벽한 독일 신사였습니다.

여기서 잠깐 안경에 대한 서양 사람과 우리나라 사람의 소비행태에 대해 말씀드리겠습니다. 서양 사람은 안경테보다는 좋은 안경알(렌즈)에 가치를 두고 안경을 사지만, 한국 소비자들은 렌즈보다 안경테에 더 신경을 쓰는 경향이 있습니다. 렌즈의 선택은 뒷전으로 밀리기 쉽죠. 세계 최고급 렌즈를 판매하는 우리 회사로서는 이런 소비자의 구매행태는 결코 간단한 문제가 아니었습니다.

한국이 이렇게 되기까지는 멋을 우선시하는 소비자에게도 문제가 있겠지만 안경사에게도 책임이 있어 보입니다. 보통 시력을 측정하고 나서 안경사가 안경 렌즈를 권하면 소비자는 대부분 안경사의 의견을 따릅니다. 렌즈에 대한 전문지식도 없고, 외관상 분간하기도 어려워 차이를 못 느끼기 때문입니다. 안경테를 선택할 때 보면 안경사 대부분이 고급 테를 권합니다. 비싼 제품이 은근히 더 끌리는 것도 사실이고, 안경사도 더 잘 어울린다고 말할 겁니다. 물론 실제도 그렇겠지만요.

값비싼 안경테는 어쩌면 누이 좋고 매부 좋은 최고의 협상 결과물이 됩니다. 그 결과 안경테 가격이 렌즈 가격보다 비싼 경우가 대부분이죠. 안경사가 값비싼 안경테를 권하는 이유는 당연히 마진과 관계가 있습니다.

문제는 여기서부터 시작됩니다. 이런 소비행태를 설명하면 CEO는 전혀 이해를 못 했습니다. 그분의 논리는 너무도 당연합니다. 안경은 시력이 나쁜 사람이 더 잘 보기 위해,

또는 눈을 바람, 먼지, 강한 햇빛 따위로부터 보호하기 위해 얼굴에 쓰는 물건이고 안경테는 단순히 안경을 보정해 주는 기구일 뿐입니다. 따라서 소비자들은 좋은 렌즈를 사용해야 하고, 그중에서도 우리 제품이 최고이니 당연히 우리 제품을 사용해야 하고, 한국지사는 더 많이 팔아야 한다는 것입니다. 그런데 이런 논리를 제가 영어로, 그것도 전화로, 또 한국을 구경도 못 해본 열정 많은 CEO에게, 반박할 수 있을까요?

이런저런 말로 현재 상황을 둘러대기는 했지만, 그분에게 전혀 전달되지 않았을 것은 자명했습니다. 식은땀만 잔뜩 흘렸죠. 아마 CEO도 저에게 좋지 않은 감정을 가졌을 겁니다. 사실 그 회사를 퇴사할 때까지 그분과는 그리 좋은 관계로 지내지 못했습니다. 제가 영어를 더 완벽하게 구사했더라면, 영어로 동서양의 문화 차이를 설명할 수 있었더라면 어땠을까 하는 후회가 듭니다.

이런 말은 하면 안 되겠지만, 영어로 인해 가는 곳마다 사건·사고가 있었던 저로서는 한국 사람으로 태어난 게 정말 원망스러웠습니다. 만약 제가 모국어로 영어를 사용했더라면 아마 지금쯤은 못 해도 아시아태평양 사장 자리 정도는 꿰차고 있었을 겁니다. 전문성과 영업력, 마케팅 능력과 분석력, 리더십은 나름대로 자신 있으니까요.

모든 면에서
중요한 의사소통

저는 현재 헤드헌터라는 직업을 가지고 있습니다. 글로벌 서치펌의 한국지사 책임자로 있다 보니 안타까운 상황을 종종 봅니다. 영어 때문에 아주 훌륭한 외국계 회사의 좋은 자리에 탈락하는 경우가 한 달에 수십 번입니다. '이분이 영어만 조금 잘했으면 이 자리에 완전 적격인데, 개인적으로도 정말 좋은 기회가 될 수 있는데….'

후보자의 역량, 경력, 경험, 학력, 전공 등은 이미 차고 넘치는데 마지막 관문인 영어인터뷰 검증 과정을 넘지 못해 지사장 혹은 임원의 자리를 놓치는 경우가 허다합니다. 그 고비만 넘어서면 세계기구나 다국적 기업의 아태지역 혹은 본사에서 근무할 기회가 너무도 많은데, 한국의 젊은이들이 영어가 능숙하지 못해 그 기회를 못 잡는 것입니다. 영어를 완벽하게 하는 인도, 싱가포르, 필리핀 출신의 젊은 친구들이 대신 자리를 메우고 있습니다. 안타까운 노릇이죠. 요즘은 중국인들도 많이 보이는 것 같습니다. 해외에서 공부한 중국인들이 그만큼 많아졌다는 이야기죠.

사실 영어 좀 못 해도 별문제 없이 살아갈 수 있습니다.

하지만 영어를 잘하면 자기표현이나 정보습득 방식, 할 수 있는 일과 활동 범위가 완전히 달라집니다. 다르게 말하면 선택의 폭이 넓어지는 거죠.

인터넷과 자동번역이 가능한 시대이니 영어에 대한 중요성도 예전보다 덜 하지 않냐고 묻는 분들도 계십니다. 저는 지금이 더 중요하다고 생각합니다.

인간관계, 상급자와의 소통을 위해 영어를 잘해야 한다? 이건 너무 당연한 이야기고요. '빠른 정보의 습득'이라는 면에서도 영어가 중요합니다. 예전에는 외국에서 유행한 이후에 우리나라로 넘어오는 경향이 많았습니다. 하지만 지금은 실시간입니다. 지구 반대편에서 일어난 일을 바로 알고 대응해야 합니다.

요즘 제가 생각하는 것은 '생각하는 체계까지도 영어여야 한다'입니다. 세계 모든 나라가 디지털 인재를 양성하고자 합니다. 이 인재들은 프로그래밍에 대해 알아야 할 텐데, 그 프로그래밍의 체계를 말하는 알고리즘과 해석하는 방식이 다 영어로 되어있습니다. 디지털 세상에서 컴퓨터와 다른 개발자들과 소통하려면 반드시 그 세계의 언어를 알아야 합니다. 그 세계의 언어가 바로 영어입니다. 이미 영어는 필수이고 피할 수 없는 현실입니다.

저는 지금도 영어공부를 합니다. 출근길 차 안에서 유튜

브를 이용하기도 하고, 신문 한쪽 구석에 나와 있는 영어공부 섹션을 찾아보기도 합니다. 어떤 방법이 더 좋다고 말씀드리는 건 아닙니다. 다만 영어는 어떤 식으로든 자주 대하고 많이 쓸수록 향상됩니다. MBA School에서 영어강의를 요청해오면, 완벽하지는 않지만 한 시간 강의 정도는 가능합니다. 고객사와의 영어미팅은 물론이고, 후보자 영어인터뷰는 완벽하게 할 수 있습니다. 그래서 지금도 이 일을 하고 있겠죠.

한 번 우리 회사의 고객이 되면 계속 거래해주시는 분들이 많은데, 그 이유가 궁금해 물어본 적이 있습니다. 답변인즉슨 "스탠튼 체이스에서 추천한 후보자는 적어도 영어검증은 필요가 없다"였습니다. 그런 저에게 영어가 밥 먹여주냐고 물으신다면? 당연히 "YES"라고 대답하겠죠!

질풍노도의 시대

김귀남

1982~1998년	삼성물산 본사/런던
1998~2000년	Hulcote Electronics/Gateway 2 Europe 대표이사(영국)
2000~2002년	(주)아르파넷 대표이사
2002~2005년	BSi Korea 부사장
2005~2008년	영국 프론티어 실리콘 한국 대표이사
2008~2018년	페어차일드코리아 반도체 대표이사, 온세미반도체 코리아 대표
2018~2020년	인터그레이티드 디바이스 테크놀로지코리아 대표이사
2020년~현재	르네사스 일렉트로닉스 한국 대표이사

1999년,
소용돌이 뛰어들다

질풍노도의 시대라는 단어가 과장되게 보일지도 모르겠습니다. 하지만 적어도 제 인생을 표현하는데 있어 틀린 말은 아닙니다. 지금은 일본계 글로벌 반도체회사 한국 대표 이사를 맡고 있지만, 23년 전에는 인터넷 벤처 붐에 몸을 던지고 있었습니다. 미래가 어떨지 몰랐기에 꿈을 꾸고 좌절하는, 그런 질풍노도의 시대를 살았습니다.

지금 알고 있는 것들을 처음부터 알았더라면 분명 더 성공할 수 있었을 것입니다. 마찬가지로 제가 알고 있는 것들은 시대만 다르지 같은 고민을 하고 있는 여러분들에게 큰 도움이 될 것이기에, 제 역사와 함께 공유해보겠습니다.

1998년 6월, 저는 잘나가던 대기업을 그만두고 영국에서 사업을 시작했습니다. 전 세계에서 인터넷 벤처 붐이 일고 있었고, 저 역시도 그 소용돌이 뛰어들었습니다. 한국 및 대만의 PC주변기기를 수입해 영국 현지 조립업체들에게 판매를 했고, 현지 AS및 유통 업체를 인수하며 본격적인 사업에 들어갔습니다. 소규모로 일하기 시작했지만 어느새 100여 명까지 인원이 불어났습니다.

하지만 갈수록 매출이 현지 직원들의 월급을 주는것으로 끝나는 정도였기에, 새로운 사업을 찾아다니기 시작했습니다. 당시 매일 다양한 웹사이트들이 생겨났기에, 이런 웹사이트들을 인기 순으로 정리해주는 웹사이트를 만들기로 했습니다. 도메인은 '100hot.co.kr'으로 결정했고, 우선 영국에서 웹사이트를 만들고 있던 한국 유학생을 고용해 사업부장을 맡겼습니다. 소프트웨어 인력들도 한국에서 영국으로 급하게 불러 개발에 들어갔습니다. 하지만 이것이 질풍노도의 시대를 불러올 줄은 꿈에도 몰랐습니다.

새로운 사업 역시 처음에는 영국에서 하려고 했지만, 한국에서 벤처캐피탈을 운영하고 있던 친구 P가 "지금 한국에서 인터넷 사업의 투자 광풍이 불고 있는데 왜 영국의 시골 헐코트라는 곳에서 고생하냐"라며 핀잔을 주었습니다. 고심 끝에 저는 결국 영국이 아닌 한국에서 회사를 설립하기로 했고, 영국에서 뽑은 직원들도 한국으로 보냈습니다.

새로운 회사는 믿을만한 친구인 K와 공동 투자를 했고, K가 대표이사를 맡았습니다. 또한, 영국에서 뽑은 J에게 억대 연봉을 주고 사업을 맡겼고, P가 시드캐피탈을 투자했습니다. 어느 정도 회사의 틀을 갖추자 저는 안심하고 영국에 남아 기존 사업에 다시 집중했습니다. 하지만 제 앞에는 예측할 수 없었던 위험이 도사리고 있었습니다.

바로 사업부장으로 보낸 J가 평소 우리의 사업모델을 탐내던 창업투자자 D로부터 8억 원을 투자 받고 똑같은 회사를 설립한 것입니다. 다른 핵심인력들도 같이 옮겨갔고, 처음으로 겪은 배신에 큰 절망감에 빠졌습니다. 당시에 인터넷 사업은 많은 투자자들이 묻지마 투자를 하던 시기였고, 저는 그들 없이 홀로서기를 해야 했습니다.

결국 저는 영국의 사업을 다른 파트너에게 맡기고, 테헤란 밸리로 귀국을 해서 직접 인터넷 사업을 시작하게 되었습니다. 최우선 과제는 만신창이가 된 회사를 정상화시키는 것이었습니다. 매일 매일 새로운 인터넷 사이들이 생겨났고, 네티즌들은 어떤 사이가 있는지, 또 어떤 사이트가 믿을 만한지 알 수 없었습니다. 우리는 그 점을 생각해 방문자수를 기준으로 한 순위를 분야별로도 제공하며 네티즌들에게 믿을만한 가이드를 제공하기 시작했습니다. 100hot 사이트에는 포탈사이트 랭킹부터 시작해 온라인서점, 음악사이트 등 다양한 순위를 제공했고 네티즌들은 원하는 사이트를 클릭해 들어가기만 하면 되었습니다.

이 방식에는 네티즌들이 소프트웨어를 다운로드 받는 과정이 필요했습니다. 소프트웨어를 이용하면 그들의 웹서핑 기록이 우리 서버로 분야별로 저장되었고 순위를 집계하는 방식이었습니다. 물론 그만한 혜택도 줘야 했습니다. 홍보도 당연히 필요했고, 이 모든 것에는 돈이 필요했습니다. 돈을 버는 법은 그 다음의 일이었습니다.

유명 가수 B씨를 모델로 한 TV 광고, 전광판 광고를 하며 B2C 모델로 시작했습니다. 신문사와의 제휴를 통해 인지도도 올렸고, 나중에는 공동으로 웹 어워드 시상도 했습니다. 모든 것이 새로웠기에 설렘과 비전이 가득했습니다.

이렇게 다시 회사를 회복하고, 승승장구하던 도중 투자 컨설팅을 하던 친구 R로부터 5개 창업투자회사 공동으로 100억 투자 제의를 받게 되었습니다. 하지만 회사의 40% 지분을 갖고 있던 P가 이 제안을 거절하는, 예상치 못한 일이 일어났습니다. P는 회사의 가치를 더 올린 후 투자를 받아야 창업자들의 지분을 안전하게 확보할 수 있다고 했습니다만, 저로서는 도저히 이해할 수 없었습니다. 광고도 여러 개를 하고 있었고, 방문자 수가 늘면서 서버 증설필요 등 자금 소요가 계속 늘어나고 있는 상황이었습니다. 직원 40명의 월급도 줘야 했습니다.

P는 자신이 창업투자자 사장임을 어필하며 걱정 말라고 했지만, 해결될 기미는 보이지 않았습니다. 결국 투자를 받는 대신 P의 창투자에서 부채로 자금을 조달하게 되었습니다.

그러다 미국의 M닷컴이라는 회사가 1,500만 달러에 회사를 인수하겠다는 제안을 해왔지만, 이 역시 P가 더 높은 가격을 요구하는 바람에 무산되었지요. 다행히 얼마 지나지 않아 다시 M사와 다시 협상을 하게 되었습니다.

두 번째 기회도 놓쳐서는 안 될 것 같아 이번에는 제가 고집을 부려 1,500만 달러로 합의서MOU, Meomorandum Of Understanding까지 서명을 했습니다. 그렇게 어느 정도 계약을 성사하고 나니, 현금 70억 원 정도를 손에 쥘 수 있을 것 같았습니다. 이 뿐만이 아니라 다른 지역에 동일한 사이트를 런칭할 때마다 푸짐한 인센티브도 받을 수 있었으니, 말 그대로 돈이 넘쳐나는 미래가 절 기다리고 있을 줄 알았습니다. 그러나 정작 제게 다가온 것은, 세계 경제를 뒤흔든 닷컴 버블 사태였습니다.

고난의 시기,
버블 사태

2000년 4월 14일 아침, 나스닥이 폭락하며 제 기대는 일장춘몽이 되고 말았습니다. 닷컴 버블이 터지며 우리를 인수하기로 했던 M닷컴의 주식도 1/3토막이 되고 말았죠. 결국 그들은 4,500만 달러를 주게 되는 상황이 되었고 협상을 중단할 수밖에 없었습니다. 합의서도 닷컴 버블의 위력 앞에서는 그저 휴지에 불과했습니다.

마치 영화와 같이 하루 만에 천국에서 지옥으로 떨어진 기분이었습니다. 하지만 CEO로서 절망감에 빠져 있을 시간은 없었습니다. 워낙 급격한 변화였던 만큼 대응도 빨라야 했습니다. 자금 문제부터 해결해야 했으니 그동안 관심을 보였던 창업투자사들을 접촉하기 시작했습니다. 다행히 우리를 짝사랑하던 몇 군데서 20억 정도 펀딩을 받을 수 있었습니다. 그나마 정말 다행이었습니다. 이미 닷컴 투자에 대해 싸늘해지기 시작한 때였기에 조금이라도 늦었으면 아무런 자금을 확보하지 못했을 수도 있었을 테니까요.

그렇지만 이런 상황에서 P가 그동안 빌려준 자금 18억을 우선 회수하고 다시 빌려주겠다고 했습니다. 어이없게도, 20억 중 18억의 부채를 갚고 나니 남은 자금은 2억 원 뿐이었습니다. 그러나 또다른 불운이 뒤따랐지요. 부채를 회수한 후 P는 회사를 그만두게 되었고. 더 이상의 자금 지원도 없었습니다. 결국은 투자를 받았음에도 남은 2억 원만으로 생존해야 했습니다. 생존게임이 시작된거지요.

이렇게 되자 그동안 잘못 내린 결정들이 하나 둘씩 떠올랐습니다. 처음부터 배신당할 빌미를 제공하지 않았다면 어땠을까요. 너무 P에게 의존한 것은 아니었을까요? 투자를 받은 후 부채를 갚을 것이 아니라 수익모델 개발에 먼저 사용했어야 하는 것이었을까요? 미국 M사가 회사 인수하겠다고 했을 때, 욕심 부리지 말고 팔았으면 어땠을까요?

사업이 타이밍이라는 것도 너무 늦게 깨달았습니다. 주식 투자를 할 때처럼 모두가 "Yes"라고 얘기해도 "No"라고 대답할 수 있는 용기는 사업에서도 필요합니다. 닷컴의 인기가 언젠가 꺼질 것이라고 알고는 있었지만, 조금은 더 계속되리라는 바보 같은 낙관을 빠져나오지 못해 모든 기회를 걷어차고 말았던 것입니다. 100억 투자유치 기회도, 미국 회사에 매각할 수 있었던 기회도 전부 욕심이 화근이었습니다. 냉정하게 기회를 잡았어야 했지만 후회해봤자 소용은 없었습니다. 이제 저는 남은 2억 원을 갖고 직원 40명을 먹여 살려야 하는 서바이벌 게임을 시작했습니다.

2억 원이면 몇 달 만에 바닥날 자금이었습니다. 그리고 무엇보다 수익모델이 없었습니다. 인터넷 사업은 당시 인기가 많았지만 모두가 돈을 뿌려 회원을 확보하는 데만 전념하고 있었습니다. 이때 수익모델을 개발한 기업들은 이후 큰 기업으로 성장할 수 있었지만 대부분 그렇지 못했습니다. 매일 채권자들과 전쟁을 벌이며, 사업의 또 다른 현실을 겪고 있었습니다.

저 역시도 채권자들과 문제가 있었지만, 나름 대응 전략을 마련했습니다. 전략이라기보다 당시 제가 할 수 있던 최선이었던 것 같습니다. 보통 채무자들은 채권자들의 독촉을 피하기 위해 그들을 피해 다니고 전화도 안 받았습니다. 그러면 채권자는 더 악랄하게 추적할 수밖에 없었고 이것이 곧 악순환의 고리였습니다.

그래서 저는 차라리 채권자들에게 자진해서 상황을 주기적으로 보고하기로 했습니다. 채권자들은 자기들이 매번 전화하지 않아도 되어서 편했고, 또 닷컴 버블이 얼마나 큰 붕괴였는지 알고 있었는지 어느 정도 공감을 해주기도 했습니다. 나중에는 부채를 주식으로 전환할 수 있게 되어, 일부는 회계상 부채를 탕감해주었습니다.

채무자가 오히려 주기적으로 채권자를 찾아가는 방식은 채권채무자의 커뮤니케이션을 바꿨습니다. 단지 편한 것에 그친 것이 아니라 이 과정에서 가까워진 채권자들은 나중에 더 반가운 인연으로 만나기도 했습니다. 만약 제가 채권자들을 피하고 그랬으면 절대 이뤄지지 않을 인연이었을 것입니다.

자금을 구하기 위해서는 동분서주로 다녔습니다. 집을 담보로 하며 몇 억을 빌리려고도 했습니다. 다행히 아파트가 아내 명의라서 하지는 못했지만요. 당시 한국에서 사업을 할 때 집을 아내 명의로 했던 이유도 여기 있습니다. 자금을 구하기 위해서는 투자 이외에는 담보 및 보증에 의한 대출이었기에 한번 실패하면 정말 패가망신하게 됩니다. 그래서 가족을 위한 보루만은 아내 명의로 남겨두는 것입니다. 요즘은 여건이 많이 좋아져 미국에서처럼 사업의 실패도 귀중한 자산으로 여길 수 있는 알고 있습니다.

아울러 수익모델 개발을 위한 피나는 노력도 이어졌습니다. 앞서 언급한 것처럼, 우리 웹사이트는 신문사와의 제휴를 통해 나름 공신력을 갖췄습니다. 여기서 신문 광고와 분야별 일등 사이트 광고 수익과의 차이가 이익이었죠.

물론 웃지 못 할 일들도 많았습니다. "왜 우리 회사 등수가 낮냐?" "고소하겠다" 등 수차례 항의를 받았지만 그래도 저희는 손해 볼 일이 없었습니다. 순위의 근거는 충분히 있었고, 고소를 받아도 노이즈 마케팅을 기대할 수 있었기 때문입니다. 그리고 결국 대부분 고소가 아닌 우리 사이트에 광고하는 것으로 마무리가 되곤 했습니다. 온라인 광고가 주된 수익원 중 하나였습니다.

광고를 하려는 업체들에게 실물제품을 받고 이를 매각해 자금을 마련하기도 했습니다. 광고비가 부담스러워 현물지급을 제시한 업체들도 있었고, 재고처분 차원에서라도 실물지급 제안그렇게 나쁜 것은 아니었습니다. 예를 들어 한번은 어느 노트북 업체의 온라인 광고를 실어주고, 노트북을 대금으로 받으니 직원들이 의아해했습니다.

원래 오프라인 정보통신제품 판매를 해왔던 저였기에, 실물을 받아 판매하는 것도 크게 어렵지 않았습니다. 그래서 며칠 안에 노트북들을 다 팔아서 그달의 월급을 마련했습니다. 오래 전 경험이 계속해서 도움이 되는 게 신기했습니다.

하지만 갖은 노력에도 힘든 상황은 나아지지 않았습니다. 버티기 힘들어지자 회사 규모를 축소시킬 수밖에 없었습니다. 사무실도 테헤란로에서 서초동으로, 그러다 오피스텔로 옮겼고 직원들도 줄여나갔습니다. 말 그대로 고난의 시기였습니다.

그래도 한 번도 직원들 급여를 밀린 적은 없지만, 퇴직 과정에서 문제는 몇 번 있었고, 퇴직금을 몇 달 후에 주겠다고 했더니 그 직원이 노동부에 제보를 하는 바람에 노동부에 불려가기도 했고, 이에 다른 직원이 퇴직금을 먼저 주고 자기급여는 나중에 달라고 한 적도 있었습니다. 그 말을 들으니 왈칵 울음이 치밀었던 기억도 납니다.

점차 지친 저는 이제 제가 내리막길에 들어섰다는 것을 깨달았습니다. 몇 년후에도 회사를 이끌어갈 자신이 없었고, 결국 회사를 매입할 곳을 물색했습니다. 동료 중 하나가

리서치회사를 운영했는데, 그에게 회사를 부채 포함해 그대로 넘기는 것으로 짧지만 쉴틈없이 바삐 지낸 질풍노도의 시대가 끝이 났습니다. 2001년 가을로 기억합니다.

롤러코스터 같았던 약 2년의 시간은 10년에 버금가는 설렘과 실망 그리고 고난이었습니다. 하지만 월급쟁이로 살았다면 경험할 수 없었던 일이었기에, 제 인생에서는 정말 값진 시간들이라고 여기고 있습니다.

그래도 주어진 기회는
잡아야 한다

벌써 20년 이상이 흘러갔습니다. 인터넷 닷컴 시대로 출발했던 네이버, 다음 등은 이젠 정착해 거대한 산업의 흐름을 이끌고 있습니다. 이런 미래를 이끌어 나가지 못하는 것은 아쉽지만, 마치 흑백영화처럼 닷컴 초창기의 블루스를 종종 떠올리곤 합니다.

시대는 바뀌었지만, 지금도 같은 일들이 벌어지고 있을 것입니다. 닷컴이 아닌 4차 산업혁명, IoT 그리고 ICT사업들에 돈이 몰리고 있습니다. 당시 저와 같았던 창업자들 또한 어딘가에서 제가 겪었던 일들을 겪고 있을 것입니다. 마찬가지로 새로운 산업은 또 다른 미래를 만들어갈 것이기에, 이를 위한 여정에서 제 경험이 여러분들에게 공감과 도움이 되었으면 하는 바람입니다.

사실 제 인생의 대부분은 월급쟁이 생활이었습니다. 닷컴 열풍에 올라탔던 질풍노도의 시대 전에는 종합상사 대기업에서 17년을 보냈습니다. 그리고 회사를 정리하면서 새로운 사업을 위해 여러 사업들을 검토하던 중, 한 헤드헌터로부터 연락을 받았습니다. 유럽계 반도체 회사의 대리점에서 국내 셋톱박스 업체 경영진과의 인맥 있는 사람을 찾고 있었고, 마침 제가 영국에서 국내 셋톱박스 수입판매를 해왔기에 경영진들과 많은 인맥도 있었습니다.

고민이 되었지만, 이번엔 제게 주어진 기회를 감사히 잡기로 했습니다. 이렇게 해서 저는 오늘의 저를 만든 아날로그 반도체 업계에 들어서게 되었고, 같은 업계에 20년 넘게 머물고 있습니다. 그동안 페어차일드 반도체 코리아 대표이사, 온세미, IDT를 거쳐 르네사스 반도체라고 하는 일본계 글로벌 반도체 기업의 한국수장으로서 있습니다. 그리고 질풍노도의 시대를 잘 견뎌왔던 것처럼, 계속해서 새로운 도전을 해가며 살고 있습니다.

외교와 비지니스

박상기

1975~1982년	외교부 입부(외무고시 9회)
	주 미국 대사관 3등서기관
	주 세네갈 대사관 2등서기관
1983~1992년	외교부 UN과 서기관
	주 뉴욕 총영사관 영사
	외무부 북미통상과 과장
1992~2003년	주 EC 대표부 참사관
	주 OECD 대표부 공사
	외교통상부 지역통상국장
2003~2012년	주 상하이 총영사
	인천광역시 국제관계자문대사
	외교통상부 대테러국제협력대사
	APEC 대테러대책반(CTTF) 의장
	주 제네바 대표부 대사
2013년~현재	법무법인 화우 고문

외교 협상과
비즈니스 협상

저는 냉전이 한창이던 1975년에 외교부에 입부하여, 2012년 가을 주 제네바 대사를 끝으로 37년간의 외교관 생활을 마감했습니다. 그동안 세계정세는 계속해서 급변했고 우리나라도 마찬가지로 대외관계에 큰 변화를 겪었습니다.

비즈니스 세계에서는 실패를 어떻게 극복하고 성공으로 이끄느냐 하는 것이 관건이라면, 국가 외교 차원에서는 수많은 외교적 도전을 어떻게 극복하고 국가 이익을 극대화할 수 있느냐가 관건입니다.

기본적으로 외교협상은 관련국 간에 양보와 조정을 통한 절충안compromise을 도출해 내는 과정입니다. 그렇기에 일방적으로 완전한 실패라고 단정할 일이 별로 없습니다. 물론, 완전한 성공도 드물겠죠.

하지만 마음가짐에 대해서는 말씀드릴 수 있겠네요. 이겨야 하는 게 아니라 같이 가야 한다고 설득하는 것, 서로의 입장을 고려해 협상하는 것, 위험risk을 줄이는 것, 기대했던 초기의 목표와 차이가 있더라도 너무 상심하지 말고 다음을 기약하는 것, 또한 상대의 의중을 잘 파악하고 관계를 유지하기 위해 노력하는 것. 이런 것들은 비즈니스맨이나 외교관 모두에게 필요한 덕목 아닐까요?

지금도 각 분야에서 최선을 다하고 계실 독자 여러분들께 조금이라도 도움이 될까 하여, 저의 외교관 활동 경험 사례 중 몇 가지를 소개하려고 합니다.

상대의 숨은 의도를 파악하라

2001년 봄에 저는 외교부 지역통상국장으로 발령을 받아 미국, 중국, EU, 일본, 러시아, 동남아 등 우리나라 주요 교역 대상국과 여러 통상 현안을 다루게 되었습니다. 그렇게 통상국장 업무를 시작한 지 얼마 되지 않아, 주한 중국대사관의 경제 공사가 저를 찾아와 당시 장쩌민 주석의 지시를 전달했습니다.

다만 그 내용이 중국 정부가 앞으로 한국의 대중국 수출용 컨테이너 운반에 사용되는 깔판 중 소나무로 제작된 것은 사용을 금지하기로 했다는, 일종의 통보였습니다. 그 이유는 한국에서 사용하는 소나무 깔판에 소나무재선충이 묻어와

산동성 일대의 소나무가 죽어가고 있다는 것이었습니다.

당시 국내 컨테이너 깔판 중 90% 이상 대부분이 소나무로 제작된 상황이었기에, 사실상 우리나라의 대중국 수출이 거의 막히는 일이었습니다. 나라 전체가 발칵 뒤집힐 중차대한 사안이었습니다. 상부에 보고했더니, 내일 당장 북경으로 출발해 해결 방안을 협의하고 오라는 지시가 떨어졌습니다.

저로서는 무작정 북경으로 가는 것이 능사는 아니라고 생각했고, 일단 상부로부터 출장 연기를 허가받은 후 국내에서 해결 방안을 모색해 보기로 했습니다. 정부 관계부처에 이 사실을 알리고 가능한 빠른 시일 내에 플라스틱 깔판의 생산을 늘려줄 것을 요청했으나, 갑자기 생산 시설을 늘리기는 어렵다며 난색을 표했습니다.

그러다 며칠 후, 수개월 전 중국 꽃게 수출업자들이 무게를 늘리려고 꽃게에 납덩어리를 넣은 것이 적발되었으며, 이에 따라 우리 지방 검역 당국이 중국산 수입 꽃게를 전량 반송 조치하여 한중 양국 간에 큰 통상문제로 비화했던 사건이 떠올랐습니다. 소나무 재선충 문제와 꽃게 문제의 연관성에 착안한 것이지요.

지방 검역당국 책임자를 불러 설명을 들어보았더니, 우리나라 경쟁 수산업계에서 지역 국회의원들에게 중국산 꽃게 수입 증가로 인한 어려움을 호소했으며, 민원을 접수한 국회의원들이 검역 당국에 검역을 철저히 하도록 압력을 가하여 불가피하게 납덩어리가 조금만 나와도 전량 반송 조치하는 무리수를 두게 되었다는 것이었습니다.

저는 주한 중국대사관 경제 공사를 초치하여, 먼저 꽃게 문제에 대한 해결 방안을 제시했습니다. 한국 검역 전문가를 중국에 파견하여, 선적 전에 중국에서 한중 공동 검역 절차를 시행함으로써 사태의 재발 방지를 도모하자고 제안했습니다. 물론 우리 검역 당국과 사전에 협의한 내용이었는데, 중국 공사는 건설적인 제안이라고 하면서 긍정적인 반응을 보였습니다.

꽃게 문제에 대한 협의가 끝나자, 저는 이어 "소나무 재선충 문제도 조속히 해결함으로써 한중 양국의 경제통상관계를 건전하게 발전시켜 나가자"고 제안했습니다. 저는 우리 정부가 빠른 시일 내에 소나무 훈증fumigation 시설과 플라스틱 깔판 생산 시설을 확대할 방침임을 설명 하면서 중국 측에서 소나무 깔판 사용 금지 시행을 최대한 늦춰 줄 것을 강력히 요청했습니다.

중국 공사는 우리 측 입장을 중국 본국 정부에 즉시 보고하기로 했으며, 그 후 꽃게 문제가 해결되자, 중국은 소나무 재선충 문제와 관련한 한국 측 요청을 수용한다고 알려왔습니다. 결과적으로 소나무 재선충 문제를 꽂게 문제와 연계하여 해결한 셈입니다. 다행히 우리나라의 대 중국 수출 물량은 전혀 영향을 받지 않고 전량 선적될 수 있었습니다.

상대에게
명분을 제공하라

2003년 봄 제가 주 상하이 총영사로 부임해 보니 한국 학교 신축 문제가 상하이 동포사회의 가장 오래된 숙원 사업으로 미해결 상태에 있었습니다. 당시 상하이 한국 학교에는 초, 중, 고등부가 함께 있었는데 폐교된 중국 학교 건물을 빌려 쓰고 있어서 학습 환경이 아주 열악했지요. 이러한 상황에서 우리 정부는 한국 기업의 상하이 지역 투자 진출을 측면에서 적극 지원하기 위해 학교 신축을 추진하기로 결정했습니다.

정부가 Matching Fund 형식으로 (총소요 경비의 70%는 정부 예산으로 지원해 주고, 나머지 30%는 교민사회의 모금으로 충당) 사업을 추진하기로 함에 따라, 상하이 총영사관은 부지를 물색하여 중국 측과 토지 매입 협상을 진행하면서 동시에 교민사회의 모금을 독려했습니다. 그러나 중국 측과 토지 가격에 합의를 보지 못한 채 협상이 수년 동안 교착 상태에 머물러 있었습니다.

저는 임기 내에 이 문제를 조속히 해결해야겠다는 각오를 다지고, 총영사관 관계관과 교민사회 대표들로 협상대책반을 구성하여 중국 측과 적극적으로 협상에 나서게 하는 한편, 수시로 협상 결과를 보고 받고 독려했는데, 어느 날 협상대책반으로부터 중국 측과 토지 가격에 합의 했다는 보고를 받았습니다.

그런데 우리 측이 합의했다는 토지 가격을 보니, 종전에 중국 측이 요구했던 가격 수준과 차이가 없었습니다. 총영사관 관계관이나 교민회 모두 협상의 장기화에 지쳐 그만 종전에 중국 측이 제시했던 가격에 동의를 해 주었던 것으로 보입니다. 저는 이 사업을 추진해 나가는데 있어서 국가 예산과 교민 모금 예산을 최대한 절약할 필요가 있다고 보고, 중국 측과 직접 재협상에 나서기로 했습니다.

며칠 후 관할 관청인 상하이시 민항구(상하이시 남서부에 위치해 있으며 최대 한인 밀집 지역) 구청장을 만나 담판을 벌였습니다. 민항구청장은 "현재 상하이에는 미국, 싱가포르 국제학교가 운영 중에 있는데, 학교 신축 문제로 외국 총영사가 찾아와 이런 문제를 직접 제기하는 것은 처음 보았다"

라고 하면서 어이없다는 반응을 보였습니다. 저는 "상하이는 대한민국 임시정부가 있던 곳으로 한국인에게는 독립의 성지와 같은 곳이며, 한중 양국은 일본 제국주의를 공동의 적으로 하여 함께 싸운 역사적 경험을 공유하고 있다. 한국은 미국, 싱가포르 등 여타 국가와 경우가 다르다"라고 답하면서 "최근 자녀 학교 문제로 한국 기업인들이 상하이 진출을 기피하고 있어, 한국의 대중국 투자 진출이 영향을 받지 않을까 우려된다"라는 점을 부연 설명했습니다.

당시 중국 정부는 투자 유치에 성공하는 공무원들에게 특별 보너스와 인센티브를 제공하는 등 외국인 투자 유치에 총력전을 펼치고 있었습니다. 특히 한국으로부터의 투자 유치가 절실한 상황이었죠.

미팅을 마무리할 시간이 되자 민항구청장은 잘 알겠다고 하면서 한국 측 요청을 검토한 후 결과를 알려 주겠다고 했습니다. 며칠 후 민항구로부터 인하된 토지 가격을 통보받을 수 있었고, 상하이 교민사회는 총영사가 직접 나서서 좋은 가격으로 재협상을 마무리했다는 소식에 무척 고무되었습니다.

이렇듯 토지 가격 협상이 종결된 후 학교 신축 사업은 순조롭게 진행되는 듯했습니다. 그러나 수개월이 지나도록 상하이시로부터 건축허가 승인이 나오지 않아 애를 태우던

중, 시 정부로부터 뜻밖의 통보를 받고 아연실색하지 않을
수 없었습니다.

상하이시는 악화되고 있는 교통 체증 문제 해결 방안의
일환으로, 도시 순환 고속도로 내부 지역에는 학교 신설을
불허하기로 했으며, 한국학교 신축 부지가 그에 해당하여
건축허가를 내 줄 수 없다는 것이었습니다. 저는 총영사관
이 나서서 상하이시의 방침을 변경하기는 어렵다고 판단하
고, 그 대신 상하이시가 새로운 학교 부지를 제시해 줄 것을
강력히 요청했습니다. 상하이시는 결국 순환 고속도로 외부
지역에 있는 토지를 제안해 왔지요.

저는 교민 대표들과 함께 그 토지를 답사했는데, 교민 대
표들은 새로 제안받은 토지가 당초의 부지 보다 훨씬 좋다
는 반응을 보였습니다. 신규 부지는 거리가 멀기는 하지만
학생들이 순환 고속도로를 이용하게 되어 오히려 시간을 많
이 절약할 수 있으며, 또한 당초 부지의 경우에는 주민들이
살고 있는 아파트를 철거해야 하는 복잡한 문제가 있는 반
면 신규 부지는 이미 정지작업이 완료되어 있어 곧바로 건
축이 가능하다는 점 등을 지적했습니다. 저도 인근에 미국,
싱가포르 학교가 운영 중에 있어서 가격 조건만 맞으면 신
규 부지가 훨씬 낫겠다는 판단을 하게 되었습니다.

저는 즉시 상하이시 정부와 토지 가격 협상을 진행했는

데, 상하이 측은 종전에 합의한 토지 가격을 그대로 지불할 것을 요구했습니다. 저는 양시옹 당시 상하이시 건설 담당 부시장(후에 상하이 시장 역임)에게 신축 학교 부지가 변경된 것은 상하이 시정부의 도시정책 변경에 따른 것으로 귀책 사유가 상하이시 측에 있으며, 당초의 부지보다 거리가 훨씬 멀어져 한국 학생들에게 불편한 상황이 초래될 것이라 주장하면서, 토지 가격의 재인하를 요청했습니다.

양측 입장에 차이가 있어 협상 타결에 시간이 지체되었지만, 결국 우리 입장이 받아들여져 원래 합의한 가격에서 더 인하된 가격으로 더 좋은 부지를 확보할 수 있게 되었습니다.

그 후 상하이시로부터 건축허가 승인 등 모든 절차가 순조롭게 진행되어, 저는 상하이 총영사직을 마치고 이임하기 전에 학교 신축 기공식을 마칠 수 있었습니다. 현재 상하이 한국학교에서 초, 중, 고등부 합쳐 900여 학생들이 학업 중에 있으며, 졸업생 중에는 미국 하버드대학교에 진학하는 학생도 있을 정도로 명문으로 발전하고 있다는 소식을 듣고 마음 뿌듯하게 생각하고 있습니다.

협상목표는
실현가능하게

다음은 제가 주 상하이 총영사로 재직(2003-2005년)중에 있었던 일로, 대한민국 상하이 임시정부청사 주변 지역 재개발 사업과 관련된 이야기입니다. 당시 상하이는 이미 신시가지인 푸동浦東 지역은 물론, 구시가지 대부분도 재개발을 거치며 세계적인 대도시로 탈바꿈하고 있었습니다.

이런 상황에서 상하이시는 구시가지 중 아직 재개발되지 않은 노만구盧灣區 일대를 고급아파트와 상가, 문화 지역으로 재개발하려는 야심찬 계획을 구상하고 있었습니다.

이에 대해 우리 정부는 일차적으로 대한민국 임시정부청사가 소재하고 있는 노만구 지역이 재개발되더라도 임시정부청사가 원형 그대로 보존되어야 한다는 입장이었고, 가능하다면 한국 기업이 개발 사업권을 따내 임시정부청사 주변 지역을 독립의 성지로 개발하기를 희망했습니다.

저는 우선 상하이시와 교섭하여 노만구 일대가 재개발되더라도 대한민국 임시정부청사를 원형대로 보존한다는 종전의 구두 확약을 문서로 받아냈습니다. 문제는 임시정부청사 주변 지역을 우리 정부가 원하는 형태로 개발할 수 있느냐 하는 것이었습니다.

사실 우리 정부는 임시정부청사 주변에 넓은 광장을 만들고 높은 기념탑을 세우는 등 대한민국 독립의 성지를 만든다는 원대한 꿈을 갖고 있었습니다. 문제는 사업의 실현 가능성 여부였죠.

그렇게만 된다면 더할 나위 없이 좋았겠습니다만, 그렇게 간단한 문제는 아니었습니다. 상하이 임시정부청사 인근에 상업지구로 개발된 신천지가 있는데, 그곳에 중국 공산당 제1차 회의가 열렸던 건물이 국가 유적지로 개발되어 있었습니다. 모택동이 참가했던 공산당 제1차 회의가 열렸던 곳인 만큼 중국인들에게 그 건물은 공산당 창당의 성지 같은 곳이기도 합니다. 그런데 그 건물 바로 앞에 차도가 있어서 많은 차들이 다니고 있었을 뿐만 아니라, 그 건물 앞에 광장, 탑 등 기념물이 전혀 없었습니다.

저는 이러한 상황에서 임시정부청사가 속해 있는 건물 하나만이라도 매입하여 기념관으로 개조하는 것이 보다 현실적인 대안으로 본다고 설명하면서 본국 정부에 사업 추진 방향을 재검토해 줄 것을 건의했습니다.

하지만 이미 정부 고위층으로부터 국민 성금을 거두어서라도 당초 목표를 달성해야 한다는 메시지가 나온 상태였고, 국무총리를 대책반장으로 구성된 범정부적 태스크 포스는 정부의 기존 방침에 따라 움직였습니다.

토지공사와 관광공사가 컨소시엄을 구성해 입찰에 참여했는데, 컨소시엄 대표단이 상하이시에 제출한 설계도면에는 임시정부청사 앞에 드넓은 광장과 기념탑 등이 포함되어 있었고, 실현되기만 한다면 우리의 민족적 자긍심을 한층 고양할 수 있을 터였습니다. 컨소시엄은 입찰에서 중국 기업들보다 훨씬 높은 최고가를 제시했습니다만, 상하이시는 최종적으로 유찰을 공식 발표했습니다.

거주 주민들이 한국 기업의 고가 입찰 사실을 알고 이전 비용 증액을 요구해 결국 유찰시킬 수밖에 없었다는 것이 상하이시의 해명이었습니다. 그러나 문제는 돈이 아니었다고 생각합니다. 중국인들 입장에서는 공산당 창당 유적지와 장차 대한민국 독립의 성지로 개발될 임시정부청사 주변 지역의 모습을 비교해 보지 않을 수 없었을 것입니다.

임시정부청사 주변 지역 재개발 사업은 아직까지 중단된 상태 그대로인 것으로 알고 있습니다만, 만일 당시 우리 정부가 중국 측 입장과 의도를 정확하게 파악하여 좀 더 현실적인 대안을 제시했더라면 임시정부청사가 속해 있는 건물 전체를 그럴듯한 기념관으로 개조할 수 있지 않았을까 하는 아쉬움이 남습니다.

외교, 비즈니스 등 분야에 상관없이, 협상 목표는 실현 가능하고 현실적으로 설정하는 것이 매우 중요합니다. 특히 외교 분야는 국내 정치 논리로만 접근하는 경우 실패할 가능성이 크기 때문에 섬세한 접근이 필요하다고 생각합니다.

원칙과 논리에
입각한 통상외교

1948년 정부 수립 이래 1980년대 초반까지 우리나라의 경제력이 미미하여 한미 양국 간에 이렇다 할 통상문제는 별로 없었습니다. 그러나 1980년대 후반에 이르자, 한국의 대미 무역 흑자 규모가 늘어나면서 미국으로부터 시장개방 압력이 거세지기 시작했습니다.

1986년에는 이른바 소급 보호를 인정한 최초의 굴욕적 통상협정이라는 오명을 남긴 한미 지적재산권 협정이 체결되었으며, 1987년에는 한미 지적재산권 협정 이행과 관련한 분쟁이 발생했습니다.

1989년 봄 제가 외교부 통상과장을 맡은 시기에 한미 양국 간에 소위 슈퍼 301조Section 301 of the Trade Act of 1974: Super 301 협상이 진행되었습니다. 미국의 슈퍼 301조는 시장개방을 하지 않는 나라에 대해 수입제한, 관세인상 등 보복 조치를 취할 수 있는 강력한 법률입니다. 당시 정부 부처 간에 첨예하게 입장 차이를 보이는 이슈가 있었습니다.

개발도상국이었던 우리나라는 1967년에 GATT관세 무역 일반 협정, General Agreement on Tariffs and Trade에 가입하면서 수입이 급증하여 국제수지 적자가 악화될 경우 수입을 제한 할 수 있는 권리를 부여받았는데, 미국은 Super 301조 협상 과정에서 한국이 이제 무역 흑자 대국이 되었으니 그 권리를 포기하라고 요구를 했습니다.

이에 대해 대부분의 정부 부처는 미국으로부터의 통상 보복이 두려운 나머지 미국의 요구를 수용하자는 입장을 취했습니다. 만약 협상이 결렬되어 미국이 보복 조치를 취한다면 이제 막 자리 잡기 시작한 현대 포니 자동차의 대미 수출이 전면 중단될 가능성이 우려되는 상황이었습니다.

하지만 외교부에서는 이 권리는 우리나라가 GATT라는 다자포럼에서 다수 회원국으로부터 부여받은 권리로서, 미국의 압력에 굴복하여 일방적으로 포기할 수 있는 것이 아니며 국가 주권과 관련된 사안임을 강력하게 주장했습니다. 그와 더불어 국내 관련 부처들을 설득하고, 미국마저 논리적으로 설득해 우리 입장을 관철시킬 수 있었습니다. 덕분에 수년 후 국제수지에 여유가 생긴 우리 정부가 GATT에서

이 권리를 공식 포기하기 전까지 우리는 많은 품목, 특히 우리 농산물을 보호할 수 있었습니다. 미국을 상대로 당당한 한국 통상외교의 모습을 보여줄 수 있었다고 생각합니다.

창의적이고 전략적인
협상 대안

1992년 봄에 저는 브뤼셀에 있는 EC(EU의 전신) 대표부 참사관으로 발령을 받았습니다. 1994년에 김영삼 대통령이 브뤼셀을 방문하여 최초의 한-EC 정상회담을 개최했는데, 일반적으로 정상회담 후에는 양측이 정상회담 성과를 공동성명으로 발표합니다.

이때 저는 본부로부터 정상회담 성과 사업안을 보고하라는 지시를 받고 매일 고심에 고심을 거듭했는데, 당시 미국, 유럽, 일본 등 선진국이 추진하고 있던 초고속 정보통신망 구축사업을 한-EC 간 협력사업으로 추진해 보면 어떨까 하는 생각이 떠올랐고, 바로 행동에 옮겼습니다.

저는 이 사업 추진이 타당한지 비공식적으로 당시 과학기술부에 확인하는 것부터 시작했습니다. 다행히 반응은 긍정적이었기에 곧바로 본부에 공식적으로 건의했습니다.

EC 측도 우리 측 제의에 동의해 줬고, 이에 따라 양측 정상은 초고속 정보통신망 구축사업을 한-EC 공동협력 사업으로 공식 채택할 수 있었습니다. 한-EC 양측은 초고속정보통신망 구축사업을 정상회담의 최대 성과 사업으로 부각하여 홍보했습니다.

이것이 모델이 되어 이후 김대중 대통령의 프랑스 국빈방문 시에도 초고속 정보통신망 구축사업이 한-불 양국 간 공동협력 사업으로 채택된 바가 있기도 합니다. 개개인이 모든 분야에서 전문가가 될 수는 없지만, 창의적이고 전략적인 사고로 각자 속해 있는 조직 나아가 국가 발전에 나름 기여할 수 있다고 생각합니다.

우회 전략
구사하기

1998년에서 2001년 사이에 저는 OECD 대표부 공사로 재직했습니다. OECD는 매년 4-5월에 장관급 각료회의를 개최하고 공동성명을 발표하는데, 당시 김대중 정부는 1999년도

OECD 각료회의 공동성명에 IMF 사태 이후 한국 정부의 구조조정 노력에 대한 긍정적인 평가가 들어가도록 교섭할 것을 지시해 왔습니다. 각료회의 공동성명 문안 협상은 공사급 회의에서 진행되었는데, 불행히도 미국 측 반응은 부정적이었습니다.

당시 우리 정부는 국제사회로부터 한국 정부의 각 분야별 구조조정 노력에 대한 긍정적 평가를 이끌어냄으로써 우리나라의 국제신인도를 끌어올릴 필요가 있다고 판단하고 있었고, OECD는 정부의 이러한 경제외교 목표를 달성하기 위한 좋은 무대였습니다.

문제는 핵심적 회원국인 미국의 비협조적 태도였습니다. 미국은 한국 정부의 구조조정 노력이 미흡하다는 입장이었습니다. 이러한 상황에서 저는 본부 지시를 제대로 이행할수 있을까 하는 의구심이 들었으나 포기할 수 없었으며, 끝까지 최선을 다해 보기로 하고 우회 전략을 구사하기로 했습니다.

그간의 어려운 상황에서도 우리 정부가 취한 각종 구조조정 조치를 일목요연하게 정리하여 메모랜덤Memorandum을 작성한 후, 먼저 호주, 뉴질랜드, 캐나다, 스웨덴, 덴마크, 벨기에 등 중소 규모 국가 공사들을 개별 접촉하며 설득에 나섰습니다. 이들이 하나 둘 긍정적인 반응을 보이며 협조를 약속했고 저는 이를 바탕으로 전체 공사급 회의 분위기를 반전시켜 나갔습니다.

이러한 분위기 전환에 힘입어 최종적으로 미국 측을 설득할 수 있었고, 그 해 OECD 각료회의 공동성명에 한국 정부의 구조조정 노력을 긍정 평가한다는 내용이 최종 포함되어 발표되었습니다.

우리 정부는 이를 대외신인도 제고에 적극 활용했습니다. 비즈니스 협상에서도 참여자가 다수인 경우, 이와 같은 우회 전략으로 핵심 파트너를 공략하는 방법을 구사해 볼 수 있을 것으로 생각합니다.

국가 안보의 중요성과
장기 전망 능력

이야기가 더 오래전으로 돌아갑니다만, 1979년 봄에 저는 워싱턴 D.C. 주미대사관에 3등서기관으로 부임하면서 미국과 첫 인연을 맺었습니다. 같은 해 10월 26일에 박정희 대통령 시해 사건이 발생했는데, 워싱턴포스트지에서 이를 처음으로 보도했고, 그 기사를 작성한 돈 오버도퍼Don Oberdorfer 기자는 후일 유명한 한국 전문가가 되었습니다.

한국 문제 전문가들에게는 필독서가 된 『두개의 한국The Two Koreas』의 저자이기도 합니다. 1979년 당시 오퍼도퍼는 한국 대사관 정문 앞에서 무작정 서서 기다리면서 취재해야만 했던 현장 기자였는데, 그에게는 10.26 사건이 한국 문제에 천착하는 기회가 되지 않았나 싶습니다.

주미대사관은 미국이 아닌 다른 나라, 즉 제3국과 관련된 업무도 했는데, 당시 소련의 붕괴를 예측하는 보고서를 입수하여 본부에 보고한 적이 있습니다.

1981년 1월 뉴스위크지에서는 소련 체제의 내부적 모순과 문제점을 분석한 제국의 몰락 "Decline of an Empire"라는 책자를 발간했고, 크리스천 사이언스 모니터Christian Science Monitor는 소련의 붕괴 가능성에 관한 분석 기사를 게재하기도 했습니다.

당시는 냉전이 한창이었고, 소련의 붕괴는 상상도 못 하던 시절이라 충격적으로 받아들일 수밖에 없었습니다. 일반적으로 국제사회가 소련의 붕괴를 전혀 예측하지 못했다는 것이 정설로 되어있으나, 소련이 붕괴되기 10여년 전에 이러한 예측과 전망이 있었다는 사실이 국내에는 많이 알려지지 않은 것 같습니다. 결코 쉽지 않은 일이나, 글로벌 이슈에 대해서 나름대로 평가와 전망을 할 수 있는 식견을 갖출 수 있도록 꾸준히 노력하는 것이 필요하지 않나 생각됩니다.

어느 날 대사관 앞에서 아프가니스탄 의전장 출신 택시 운전사를 만났던 기억이 새롭습니다. 제 차를 정비소에 맡긴 날, 마침 국무부에 들어가야 할 일이 생겨서 대사관 앞에서 택시를 탔는데, 택시 운전사는 제가 한국 외교관인 것을 확인하고는 자신이 아프가니스탄 외교부 의전장 출신이며 소련의 아프가니스탄 침공으로 나라를 잃고 미국에 망명하여 택시 운전을 하고 있다고 말했습니다.

당시 소진철 주 아프가니스탄 한국 대사도 잘 알고 있다고 했습니다. 한 나라의 대사급 고위 외교관이 타국에서 택시 운전사를 하는 모습을 보고는 측은한 마음이 들었고, 베트남의 보트피플boat people 등 나라 잃은 국민들의 비애를 통감했습니다.

팁을 두둑하게 주고 내렸지만, 마음은 쓸쓸했습니다. 개인에게 국가는 무엇인가라는 실존적 문제를 생각하지 않을 수 없었습니다. 최근 우크라이나 사태에서 보듯, 국가 안보는 절대 양보할 수 없는 최우선의 가치라는 점을 늘 명심해야 할 것입니다.

네트워킹과
정보수집의 중요성

끝으로 소련 주재 미국 대사를 지냈던 찰스 볼렌Charles Bohlen에 관해 간략히 소개하며 글을 맺고자 합니다. 1939년 8월 독소 불가침 조약 체결 직후 히틀러의 폴란드 침공으로 제2차 세계대전이 시작된 것은 모두가 아는 사실입니다.

그러나 미국이 독소 불가침 조약 협상 진행 상황을 상세히 모니터링하고 있었다는 사실은 많이 알려져 있지 않습니다. 그리고 이 최고급 정보를 지속적으로 입수하여 워싱턴에 보고한 사람은 당시 주 소련 미국 대사관의 3등 서기관 찰스 볼렌이었습니다.

대사관에서 3등서기관은 최하위 직급의 외교관인데, 볼렌이 이 엄청난 정보를 입수하여 워싱턴에 보고했던 것입니다. 볼렌은 이 정보를 모스크바 주재 독일 대사관 2등 서기관 조니 헤르바르트Johnny Herwarth로부터 입수했는데, 반히틀러 성향이었던 이 독일 외교관은 히틀러가 독소 불가침 조약을 체결한 후 폴란드를 침공할 계획임을 미리 알고 독소 불가침 조약 체결 교섭 관련 정보를 서방 측에 전달해 이를 저지하려고 했습니다.

이 두 사람이 정보를 교환할 수 있었던 것은 볼렌이 독일 외교관과 테니스 친구가 되는 등 깊이 교류하면서 친밀한 관계를 형성할 수 있었기 때문입니다. 볼렌은 후일 미국의 주소련 대사로 활동했으며, 조니 헤르바르트는 전후 독일의 주영국 대사로 활약합니다. 볼렌의 이야기는 시대에 관계없이, 또 외교나 비즈니스를 불문하고 긴밀한 인적 네트워크를 구축하는 것이 매우 중요하다는 점을 새삼 일깨워 주는 좋은 사례입니다. 물론 훌륭한 네트워크 구축을 위해서는 상호 신뢰와 존중이 바탕이 되어야 함은 말할 나위가 없겠지요.

최근 우리는 국제정치 질서가 요동치는 상황을 보고 있습니다. 1979년 미-중 수교, 1990년 독일 통일, 1991년 소련 해체, 2001년 중국의 WTO 가입 등 국제정치적 함의가 큰 사건들을 놓고 보면, 프란시스 후쿠야마 교수가 주장한 바와 같이 자유민주주의의 최종 승리가 현실이 되는 듯했습니다.

그러나 최근 중국과 러시아 등 권위주의 국가들이 자유주의, 민주주의, 국제규범 준수에 기반한 국제질서를 크게 위협하고 있습니다. 또한 WTO 다자통상체제 약화와 자유무역이 힘을 잃어가는 상황에서 경제와 안보가 상호 복합적으로 작용하는 소위 경제안보 시대를 맞이하고 있습니다.

미-중 전략적 경쟁의 시대에 우리나라는 앞으로 미국이 주도하는 인도-태평양경제프레임워크Indo-Pacific Economic Framework, IPEF에 적극적으로 참여하는 한편, 이웃 나라 중국과도 전략적 동반자 관계를 유지, 발전시켜야 하는 어려운 과제를 안고 있습니다. 어떠한 상황에서도 외교 문제에 관한 한 국민적 합의를 바탕으로 외적 도전에 한 목소리로 대응하는 것이 무엇보다 중요하다고 생각합니다.

부패, 빈곤, 불법파업과 폭력시위가 판치던 절망의 땅에 세계 일류국가를 만든 리콴유 싱가포르 전 수상은 자서전에서 "일본 점령기 동안 그들의 잔인성은 나에게 일본에 대한 증오심을 불러일으켰다"라고 밝히면서 일본에 대한 적개심을 드러낸 바 있습니다.

한편 국민 전체의 4분의 3이 중국계인 싱가포르은(리콴유도 중국계로서 할아버지가 청조 말 중국의 광동성에서 싱가포르 지역으로 이주) 중국과는 떼려야 뗄 수 없는 긴밀한 관계를 유지해 오고 있지요.

그러나 리콴유는 외교안보 문제에 있어서 만큼은 냉철한 현실 인식을 바탕으로 실리 외교를 추구했습니다. 그는 자서전에서 "싱가포르이 독립국가로 남아 있기 위해서는 큰 나라에 의해 정복 되거나 흡수 되지 않고 살아 남을 수 있도록 힘의 균형이 이루어지는 세계가 필요하다. 미국과 일본이 한 축을 이루고 다른 편에 중국이 한 축을 이루어 균형이 유지 된다면 동아시아의 미래는 밝아질 것이다"라고 썼습니다.

지정학적으로 매우 취약한 우리나라에게, 이 말은 특히 시사하는 바가 크다고 생각합니다. 좌우, 보수 진보를 불문하고 각 분야의 리더들이 리콴유 수상의 이러한 통찰을 늘 가슴에 새기고 이 나라를 올바른 방향으로 이끌어주기를 희망합니다.

좋은 경영이란
무엇일까

이문영

1987~1991년	㈜대우 유럽수출부
1991~1998년	데이콤/데이콤 인터내셔널 (사업기획팀장)
1999~2003년	Datacraft Korea 대표이사/Regional Director of Datacraft Asia
2003~2004년	Sport online 대표이사
2004~2005년	Packet Systems Asia 회장
2005~2018년	DMX Technologies Group 회장 (한국, 동남아시아 경영)
2018~2020년	투비소프트 대표이사
2021년~현재	이크러스 벤처파트너스 파트너/회장
2022년~현재	녹원정보기술 회장

글로벌 스포츠 온라인 플랫폼에
도전하다

저는 대우그룹에서 유럽 수출 담당자를 시작으로, 러시아와의 통신합작사인 ROKOTEL 부사장, 데이콤의 사업기획 팀장 등을 거치며 미래 통신산업을 나름 주도하며 살아왔습니다. 그러다 글로벌 네트워크 솔루션 회사 데이터크래프트 아시아를 만나며 초대 데이터크래프트 코리아의 대표이사가 되었고, 이후엔 데이터크래프트 아시아의 지역장으로 승진하는 등 거침없이 살아왔습니다.

이때 제 나이는 39세로, 젊은 나이였기에 제 부와 성공에 대한 평판은 업계에서 벤치마킹할 정도로 유명해졌습니다. 각종 매거진의 커버로 올라가기도 했고, 그럴수록 저는 "미래는 콘텐츠다"라는 확고한 신념으로 2003년 3월 데이터크래프트 아시아를 떠났습니다.

당시는 IPTV, DMB 등 새로운 미디어가 열리는 시기였고, 저는 이 흐름에 직접 사업을 차리기로 했습니다. 그와 동시에 콘텐츠에 대해서도 새로운 인식이 싹텄고, 저는 수많은 콘텐츠 중에서도 가장 방대하고, 이용자가 많은 글로벌 스포츠 온라인 플랫폼을 구축하기 위해 1차적으로 미국의 뉴욕에 가서 MLB.COM^Major League Baseball과 인터넷 생중계 및 VOD사업, 온라인쇼핑몰에 대한 한국의 독점 사업권을 끈질기게 설득했고, 그해 8월에 계약을 체결할 수 있었습니다. 당시에는 박찬호, 최희섭, 김병현 등 10명 이상의 메이저리거가 있었고, 국내에서도 상당한 팬덤이 있어서 사업 전망성이 아주 밝았습니다.

저는 다른 스포츠로도 영역을 넓혔습니다. MLB 라이선스를 확보한 후에 박세리, 김미현 등이 활약하고 있는 LP-GA^Ladies Professional Golf Association와 그리고 박지성, 이영표 등이 활약하고 있는 EPL^England Premier League과의 추가 한국 내 독점 라이선스를 추진해 국내 유일의 해외 스포츠 온라인 플랫폼을 구상했습니다.

언론에서도 이런 전망을 꿈꾸던 저를 '미다스 손'이라며 부추겨주어, 저는 제 자신이 점점 환상에 빠지고 있다는 것을 그 당시에는 알아차리지 못했습니다. 이렇게 편집자, 개발자, 생중계 해설자 등을 영입하고 스튜디오 룸 2개를 준비한 저는, 2003년 10월부터 하루에 MLB 2게임을 생중계했고, 전체 게임의 VOD를 온라인 플랫폼(네이버)과 무선통신(통신 3사)와 시작했습니다. 특히 네이버는 MLB사업을 위해 별도의 팀을 꾸릴 정도로 큰 기대를 갖고 있어서, 시작은 활기차게 진행되었습니다.

그러나 제가 간과한 요소들이 있었고, 사업에도 서서히 영향을 미치기 시작했습니다. 우선 당시 IPTV에 대한 법안이 계속 지연되어 IPTV를 노린 시장은 무용지물이 되었습니다. 초고속 인터넷의 보급 또한 원활하지 않아 방송이 종종 지연되거나 끊기는 현상이 발생해 서비스에 대한 불만족도 쌓여갔습니다. 이와 더불어 불법 다운로드, 다른 매체에서의 문자 중계 서비스 등으로 인해 구독 서비스의 매출은 점점 저조해졌습니다.

메이저리거들도 예상만큼 좋은 경기를 보여주지 못한 점도 있었습니다. 특히 대표 주자인 박찬호 선수가 부상으로 등판 횟수가 줄어들었습니다. 선수들이 예정에 없던 등판일이 결정되기라도 하면 친정회사인 데이콤에 달려가 10시간에 8,000만 원을 들여 위성을 빌려 생중계를 했지만, 3회를 넘기지 못하고 강판당하는 등의 부진으로 팬들의 관심이 사라지기 시작하면서 회사의 존폐가 흔들렸습니다.

운용 경비와 MLB에게 지급하는 다음 해의 라이선스 비용(약 200만 달러)를 조달하기 위해 수많은 투자자를 만나기도 했지만, 반응은 냉담했습니다. 특히 4년간 독점 계약한 투자자들도 우려를 표명했고, 결국 투자를 받지 못해 2004년 9월 회사를 정리하기로 결정했습니다.

사업의 잠재적인 리스크를 고려하지 않은 것이 제일 큰

화근이었습니다. 다양한 리스크에 대한 조사 및 대비가 미흡했으니, 어쩌면 당연한 결과일지도 모릅니다. 물론 선수들의 부진 같은 일은 전혀 상상하지 못한 요인일 수도 있으나, 사업가의 입장에서는 변명일 뿐입니다.

또한, 규모의 경제가 필요한 사업이어서 CJ 같은 대기업에서 했어야 할 사업을 무리하게 개인이 시작했다는 것과 자금을 사전에 확보하지 못한 것도 실패의 주요 요인으로 볼 수 있습니다. 실제로 저희 회사와 유사한 서비스를 제공한 다른 기업들도 있었는데, 그중에는 어려움을 이겨내고 지금 상당한 규모의 스포츠 플랫폼 기업으로 성장한 곳들도 꽤 있습니다. 그런 기업들을 볼 때마다 저는 좀 더 적극적인 투자자와 함께했더라면 지금은 어떤 모습으로 운용하고 있을까? 하고 생각을 가끔 해보곤 합니다.

사업 실패가
알려준 것

회사를 정리하기로 결정했으나, 해결해야 할 것들이 산더미였습니다. 집 담보 대출금, 직원 퇴직금 지급 등과 같은 문제들이 계속해서 저를 괴롭혔고, 수시로 강촌의 강변에 가서, 아무런 생각 없이 흘러가는 강물만 보면서 혼자만의 시간을 보냈던 기억이 납니다. 물론 집에서도 금방 회사에 안 좋은 일이 생긴 것을 눈치챘고, 제 부인도 아무 말도 없이 저만 바라보던 시절도 생각이 납니다.

문제가 계속해서 지체되자, 결국 믿었던 직원들마저도 근로기준법 위반으로 퇴직금 지급 소송을 제기했습니다. 어떻게든 퇴직금은 지급할 테니 참아달라고 이야기했지만, 소송을 멈추진 않았고, 결국 출국금지라는 법원의 명령까지 받고 말았습니다. 물론 회사의 어려움을 잘 이해해 소송에 참여하지 않은 직원들도 많았지만, 어쩔 수 없이 저는 빚까지 내며 퇴직금을 지급하며 상황은 얼추 마무리가 되었습니다.

저는 이 과정에서 직원들에 대한 신뢰를 잃어버리고 말았습니다. 저로서는 다시 겪고 싶지도 않은 것은 물론이고, 생각도 하기 싫은 경험입니다. 그때 소송을 처음 제기한 직원은 고등학교 후배였고, 그가 소송을 하며 직원들에게 한 말은 아직도 가슴 깊이 박혀 있습니다.

"대표이사는 아직 집이 있잖아. 소송 걸어버리면 어쩔 수 없이 집이라도 팔아서 줘야 해."

가슴 아픈 말이었지만, 오늘날 제가 있을 수 있게 해준 말이라고도 생각합니다.

마음을 좀 정리하고 나니, 여러 가지 생각이 들었습니다. 처음으로 사업이란 것이 참 쉽지 않다고도 느꼈습니다. "내가 너무 자만한 것은 아닐까?" "앞으로 어떤 것을 해야 할까?" 등 많은 시간을 내어 제 자신을 돌아봤습니다. 그래도 결국 제 사업을 하고 싶은 마음은 버릴 수 없었고, 그래서 저는 제가 가장 잘 알고 있는 분야의 사업으로 다시 도전하자는 결론을 내렸습니다.

신뢰와
사회적 네트워크의 중요성

2004년 9월쯤으로 기억합니다. 저는 다국적기업인 데이터크래프트 아시아에서의 지역 국장을 지냈던 경험을 살려, 동남아시아 글로벌 네트워크 솔루션 기업을 만들기로 했습니다. 일단 무작정 데이터크래프트 아시아의 본사가 위치한 싱가포르, 인도네시아, 말레이시아로 날아가서, 데이터크래프트 출신들이 경영하는 회사를 찾아갔습니다. 그래도 저는 데이터크래프트 아시아에 있는 동안 임원들과의 관계가 좋았기에 익숙한 분들도 꽤 있었습니다. 반가운 인사로 시작한 미팅에서 저는 제가 겪은 경험을 토대로 앞으로 어떤 회사를 설립하고 싶은지 자신 있게 얘기했습니다.

임원들은 신사업 및 신기술 분야를 잘 이끈 경험을 고려해 제 얘기를 긍정적으로 들어주었고, 미팅도 매우 만족스럽게 끝났습니다. 저는 싱가포르에 패킷시스템즈 홀딩Packet Systems Holding을 설립하는 것을 시작으로 사업을 빠르게 확장시켰습니다. 이후 M&A를 통해 인도네시아, 말레이시아, 베트남, 한국의 5개 회사를 싱가포르 SASDAQ에 상장하는 것을 목표로 전략적인 합병을 성사시켰고, 싱가포르의 벤처 캐피탈과 독일계 은행으로부터 투자를 받아 동남아시아를 주축으로 한 다국적 기업을 공동 창업해 이사회 의장 및 회장으로 새로운 세계를 구축했습니다. 새로운 사업을 위해 가족과 함께 싱가포르로 이주도 했으니, 다시 새로운 시작이었습니다.

모든 것이 잘 풀리는 듯 보였지만, 역시나 고난의 시간은 또다시 찾아 왔습니다. 싱가포르에 상장한 중국계 회사들의 실적 부진과 잦은 위법으로, 외국인 최대 주주는 싱가포르 상장을 금지하는 법령이 2004년 말에 발효가 되었습니다. SASDAQ에는 무조건 상장시켜야 했기에 분주히 다른 방법을 찾았습니다. 그리고 2005년 5월에 싱가포르 상장사인 소프트웨어 개발 기업 DMX테크놀로지스를 합병하며 성공적으로 우회 상장시켰습니다. 여담으로, 이로 인해 집 담보 대출금을 상환하면서 이전에 팔아버린 원래의 집을 되찾을 수 있었습니다.

이 사업을 성공으로 이끈 주요 요인은 사회적 네트워크와 신뢰성에 기반하고, 새로운 컨셉의 사업 계획을 구상한 것이었던 것 같습니다. 패킷 시스템즈는 데이터크래프트 출신들과 만들었습니다. 즉, 혼자가 아니라 여럿이서 만들었기 때문에 다양한 리스크를 사전에 고려할 수 있었습니다. 또한 동남아시아에게는 중국, 홍콩, 마카오, 대만으로 구성된 DMX를 필요했기 때문에 전략적 합병도 용이했습니다. 이 합병을 통해 DMX는 총 9개국의 글로벌 기업으로 재탄생했고, 저는 2018년까지 동남아시아와 한국을 담당하는 지역 회장직을 맡게 되었습니다.

COMPROMISING,
인생은 협상이다

기본적으로 글로벌 경영은 세계가 어떤 기준으로 돌아가고 있는지에 대한 이해와 수용에서부터 시작합니다. 진출하고자 하는 지역에 대해 면밀히 조사하고, 그 지역의 문화를 열린 자세로 수용하는 것도 매우 중요합니다.

담당자 역시 현지인에게 맡겨도 아무런 문제가 없습니다. 많은 글로벌 기업의 각 국가의 대표는 현지인이 맡고 있으며, 관리 팀에게도 최대한 많은 권한을 위임하고 있습니다. 그들에게 주는 권한과 의무를 규정한 위임전결규정Authority Matrix도 A4 용지로 2장이 전부입니다. 이는 완전한 경영 위임을 의미하는 것이지요.

여기서 중요한 것은 상대방에 대한 완전한 신뢰입니다. 본사에서 각 국가의 대표에게 좋은 신뢰를 보여주면, 그 신뢰는 다시 그 국가의 직원들에게도 퍼지게 됩니다. 이는 결과적으로 전체적인 유대를 단단하게 해주는 중요한 결과를 만들어냅니다.

거시적인 경영 방침도 중요하지만, 이제는 인적 자원 역시 매우 중요해졌습니다. 과거에는 핵심역량과 자원기반관점에 바탕을 둔 시대였습니다. 즉 기업이 지속적인 경쟁우위를 달성하기 위해 핵심역량을 갖춘 조직을 구축하는 것이 중요했습니다. 사람을 하나의 가치 있는 자원으로 간주하고, 조직에 기여하는 것으로 바라보았습니다.

반면 현재 우리가 당면하고 있는 21세기 지식경제시대는 지속적인 학습과 혁신을 중시하는 시대입니다. 다른 어떤 요소보다 학습과 혁신의 주체를 조직이 아닌 사람으로 두는 것입니다. 기업에 속한 개인은 학습을 통해 계속해서 자신의 가치를 증명합니다. 특히 IT 관련 산업에서 이와 같은 모습이 자주 보입니다. 기업 역시도 최첨단의 흐름에 뒤처지지 않기 위해 직원들의 역량을 발전시키는데 지원을 아끼지 않습니다.

하지만 그만큼 기술 관련 인원들의 개인적인 욕망이 큰 산업이기도 합니다. 조직과 조직 구성원 간의 원만한 관계가 중요함에도 불구하고, 자신의 경험과 노하우를 전수하기 꺼리는 이들도 존재합니다.

이를 방지하기 위해선 조직원 모두가 마음껏 얘기할 수 있는 오픈 마인드와 공동 네트워크가 필요합니다. 유대감이 튼튼하고 강한 기업은 기본이고, 저는 여기서 더 나아가 '뜻이 높은 기업Socio-Company'로 변화하는 것을 경영 철학으로 삼고 있습니다.

저는 COMPROMISING이라는 영어 단어를 좋아합니다. 우리의 모든 생활은 끊임없는 협상이라고 생각하기 때문입니다. 여기서 '협상'은 좁은 의미의 협상이 아니라 가족, 친구, 동료 등 비즈니스와 조금이라도 연관되어 있는 사람들과 모두 당연히 해야 하는 것입니다. SNS로 지인들과 소통하는 정도여도 충분합니다. 그러는 동안 자신도 모르게 상대의 이야기를 들으며 상대가 무엇을 원하는지 생각하게 되기 때문입니다. Compromising을 하는 사람이 많아질수록 모두가 이득을 얻을 수 있는 사회가 될 것입니다. 저 역시도 "인생은 더불어 사는 삶이다"를 인생의 나침반으로 삼으며 매일 꾸준히 노력하고 있습니다.

우리는 매일 9시간 이상을 직장에서 보냅니다. 그렇기에 직장 생활은 단순히 돈을 벌기 위한 것이어서는 안 됩니다. 새로운 것을 깨닫고, 꿈꿀 수 있어야 하는 것입니다.

앞으로 새로운 시장을 만들어갈 글로벌 인재는 통섭(Interdisciplinary, 2개 이상의 학문과 연구 영역 전문), 통합(Integration, 나눠진 학문이나 비즈니스를 통합해 제3의 영역 창조), 국제화(Internationalization, 동서양을 아우르는 소통 능력), 혁신(Innovation, 사고보다 행동 중심의 창조적 파괴 능력)이라는 4가지 능력을 갖춘 인재일 것입니다. 변화무쌍하게 변화하는 기업환경에서, 2가지 이상의 학문과 전문 영역을 기반으로, 사고보다는 행동중심으로 진로를 만들어가는 개인일 것입니다.

자발적인
경영을 위해

저는 이후 DMX를 떠나 그동안 세계적인 시장에 대한 경험을 바탕으로, 2018년 3월부터 2020년 말까지 코스닥 상장사인 투비소프트에 대표이사로 있었습니다. 퇴직한 후에는 오랫동안 알고 지내온 후배들과 이크럭스 벤처파트너스를 공동 창업해 국내외 스타트업 투자에 기여하고 있습니다.

기업(company=com+pany)의 어원은 "서로 모여서 빵을 나눠 먹는다"입니다. 저는 이전에 회사라는 매체를 통해 직원들이 개인의 가치를 찾아낼 수 있도록 '1주일 사장제도'를 도입한 적이 있습니다. 말 그대로 각 직원이 1주일씩 사장이 되어보며 회사의 경영에 관여할 수 있는 제도입니다. 또한 회사의 투명성도 보장해 주기에 바람직하게 시행되었고, 이를 거친 직원들은 모두 투철한 주인 정신을 갖게 되었습니다.

좋은 경영은 사람들이 자발적으로 모이게 만드는 것입니다. 사람들이 서로 많이 대화하고, 유대감을 쌓아가며 강력한 휴먼네트워크를 만들면, 자연스레 모두가 최고의 성과를 위해 자발적으로 노력할 것입니다.

자신감이 만들어낸 교만함,
그리고 그 교훈

임태준

1989~1998년   SK Chemical 근무

1998~2015년   에어프로덕트 코리아 및 본사 근무

2015~2022년   버슘한양기공 (독일 머크 계열사) 대표이사

탄탄대로일 것 같았던
인생

그동안 살아오면서 겪은 실패에 대해 글을 써달라는 부탁을 받고, 저는 33년의 샐러리맨 인생에서 어떤 일들이 있었는지 돌이켜 볼 수 있었습니다. 크고 작은 많은 실패와 실수, 잘못된 결정으로 인해 겪은 수많은 어려움에 대한 기억이 스쳐 지나갔습니다. 하나하나 대부분 얼굴이 빨개질 정도로 창피하고, 공개적으로 소개하기엔 조금 조심스럽기도 합니다. 지난날에 대한 회고는 좋은 것만이 있는 게 아닌 모양입니다. 하지만 앞으로 살면서 저와 비슷한 상황에 처한 독자에게 조금이라도 도움이 되길 바라며, 어떤 일이 있었는지 또 어떤 깨달음을 얻었는지 고백하고자 합니다.

저는 연세대학교와 KAIST 화학공학을 전공하고 박사 학위 취득 후 한국 SK그룹 (이전 선경그룹)에서 건축용 케미컬 연구팀장으로 약 10년을 근무한 뒤, 1998년에 미국계 글로벌 회사인 에어프로덕츠Air Products 한국지사의 접착제 원료 제품 응용기술 연구소장으로 전직했습니다.

이 회사는 질소, 산소 등 고순도 산업가스 제조사업과 아울러 수성 에멀젼, 에폭시 경화제, 우레탄 촉매 등 화학제품 사업도 운영하는 글로벌 조직이기도 했습니다. 저는 VAE (비닐 아세테이트 에틸렌)이라고 하는 화학제품 산업 분야에서 기술 개발을 맡기 되었습니다. 참고로 이 제품은 주로 주방가구 제조와 각종 종이박스 접착제의 원료로 사용되는 것이었습니다.

한국을 포함해 아시아 지역 전체를 담당하는 응용기술연구소장으로서 저는 기존 제품의 성능 향상과 신제품 개발 업무를 수행했습니다. 가장 기억에 남는 일은 기존 제품에 우레탄계열의 첨가제를 배합해 새로운 시장에서 팔 수 있는 신제품을 개발한 것이었습니다. 이는 본사에서도 성공하지 못했던 일이기에, 본사 최고 CEO로부터도 인정을 받고, 월급도 많이 오르고, 회사의 여러 미팅에 참석해 발표를 진행하기도 했었습니다. '승승장구'가 이런 말이구나 싶었습니다. 아마도 이때부터 '나름의 자신감에서부터 파생된 일종의 교만함'을 가지게 되었던 것 같습니다.

약 5년간 잘나가는 생활을 하다가, 어느 날 본사의 부회장으로부터 미국 본사연구소에서 (연수 과정이 아니라) 실무 팀장으로 2년간 일을 해보면 어떻겠냐는 제안을 받았습니다. 본사에서 파견된 화학 사업 부문 아시아 총괄 기술 매니저가 홍콩에 주재하고 있었는데 그 후임으로 저를 생각하고 있다며, 일단 미국 본사 조직에 와서 회사 시스템과 사람들을 알고 지낸 뒤 2년 후 한국으로 돌아가면 그 아시아 총괄 매니저 자리를 주겠다는 제안이었습니다.

그 자리에 어울리는 사람은 저 밖에 없다는 묘한 자신감 으로, 저는 미국에서 2년을 근무한 뒤 추가로 3년간 한국을 제외한 다른 아시아 지역으로 보내 달라는 조건을 역으로 제안했습니다. 이에는 그 당시 초등학교, 중학교에 다니고 있던 저희 애들이 2년이라는 짧은 시간 미국에 있다가 한국 학교로 돌아왔을 때 겪을 어려움에 대한 걱정도 담겨 있었 습니다. 제 계산으로는 5년 정도 국제학교에서 공부시키면 영어 걱정은 더 이상 안 해도 될 것 같았습니다.

사실 글로벌 기업에서 주재원 패키지로 5년을 준다는 것 은 회사에도 만만치 않는 비용이 드는 일입니다. 그래서 쉽 게 동의해 주지는 않겠다는 생각도 들었지만 본사 부회장은 아주 쉽게 이 제안을 승낙했습니다. 이때 저는 '그럼 그렇 지, 나 밖에 누가 있겠어?'라고 생각하며 우쭐한 마음을 키 워갔고, 앞으로의 제 인생도 탄탄대로일 것이라는 확신으로 가득 찼습니다.

2003년 6월, 저는 가족들과 본사가 있는 미국 펜실베이 니아 주의 알렌타운이라는 도시로 이주했습니다. 글로벌 기 업의 복리후생 시스템은 정말 대단했습니다. 방 4개짜리 타 운하우스와 렌터카 두 대, 기타 주택관리비뿐만 아니라 가족 모두에 대한 1:1 영어 개인 과외 교습도 회사경비로 지원받았습니다.

다만 제 희망과는 다르게, 저는 한국에서 좋은 실적을 보였던 수성 에멀젼 분야가 아닌 에폭시 경화제 기술팀에서 미국인 직원 9명을 데리고 팀장으로 일하게 되었습니다. 에멀젼과 에폭시, 이 두 화학제품은 화학식부터 다른 것이어서 간단한 기술용어들조차 아주 생소한 것들이 많았습니다. 에폭시 경화제에 관한 기술 전문가가 된다는 것은 기초 화학부터 다시 배워야 하는 일이어서 어려울 수밖에 없었습니다. 더군다나 지금도 그렇지만 그때는 제 영어 실력이 좋지 않았고, 미국 직원들과의 대화나 미팅에서 이런저런 실수를 연발했습니다. 특히 고객사를 방문해 업무 이외의 사적인 얘기를 나누는 일들은 고문에 가까웠습니다.

게다가 제 상사들도 저에게 서로 다른 업무를 부여했습니다. 홍콩에 있던 아시아 총괄 기술 매니저는 저에게 기술 스페셜리스트가 아니라 일반적인 조직관리 업무를 하면서 제품 기술에 대해 전반적으로 파악하라고 했는데, 본사의 에폭시 글로벌 마케팅 매니저 Z는 거의 10년 이상 실험실에서 연구해야 얻을 수 있을 정도의 전문가 수준을 요구했습니다. 저는 그에게 몇 차례 제가 전달받은 업무 목표에 관해 얘기했으나, 그는 이해하려 들지 않았고, 그래서 저도 '멋대로 해봐라'하는 식으로 그와의 대화에 적극적으로 임하지 않았습니다. 부회장의 인정을 받아, 남들은 꿈도 못 꾸는 엄청난 혜택을 받고 본사에 왔는데 감히 누가 내 길을 막을 것이냐 하는 오만함으로, Z가 하는 얘기를 무시하고 그와의 개인적 교류나 대화를 피했습니다. 당시에는 이것이 나중에 큰 문제를 만들 것이라고는 생각조차 하지 못했습니다.

랜한 자존심을 부리다
그만

그렇게 시간이 흘러 2년 후인 2005년 6월, 저는 애초의 약속대로 미국 본사연구소를 떠나 중국 상해연구소로 가족과 함께 부임했습니다. 2년 동안 아이들도 언어장벽 및 인종 차별 등 각자 나름대로 학교에서 힘든 일들을 겪었으나, 중국 주재원으로 부임했을 때는 모두 유창하게 영어를 구사할 수 있게 되었습니다. 회사의 지원을 받아 우리 애들 세명은 모두 상해 미국 국제학교의 중학교, 고등학교 과정을 회사비용으로 다닐 수 있었습니다. 또한 미국에서 받은 대우에 이어, 100평 정도 되는 방 5개의 상해 푸동의 고급 아파트와 중국인 기사가 딸린 밴을 이용할 수 있었습니다. 모든 가족이 중국어 개인 교습을 받을 수 있었고, 원하면 가정부도 쓸 수 있었습니다. 금액으로 환산해 본 적은 없지만, 학비만 해도 일 인당 1년에 3만 불이었으니 회사가 부담하는 비용은 엄청난 것이었습니다.

상해에서 일하게 될 건물은 새로 임대한 500평 규모였고, 그곳에는 일반관리업무를 하는 중국인 직원 2명만 달랑 있었습니다. 저는 연구 인력을 뽑고 실험 장비를 설치하고, 비즈니스 팀과 협의해 연구 프로젝트를 결정하고 실행하는 일을 맡았습니다. 더불어 일본에 있는 기술팀도 관리해야 하는 위치에 있었습니다.

제가 업무상 상대해야 하는 비즈니스 팀 매니저는 M과 Z였습니다. 아시아를 담당하는 M은 뉴질랜드 출신으로 나이가 60이 넘은 사람이었고, 앞서도 언급한 글로벌 마케팅 매니저 Z는 동유럽 출신으로 본사에서 일하는 사람이었습니다. 모든 회사가 마찬가지이겠지만, 연구 프로젝트는 비즈니스 팀의 동의가 있어야 예산을 받아 시행할 수 있기에, 이들과 많은 이야기를 나누고 좋은 관계를 유지하는 것이 필수였습니다. 그런데 저는 이 두 사람을 상대하기가 매우 싫었습니다.

당시 제게 M은 에폭시 경화제 영업만 30여 년을 했다는 자부심으로 자기가 기술 분야에서도 마스터 급이라고 생각하는 사람으로 보였습니다. 나이도 제일 많아 남의 이야기를 듣기보다 일방적으로 자기 얘기만 하는 안하무인 스타일로 여겨졌습니다. 더군다나 아시아 사람들을 깔보는 나쁜 버릇이 있어서, 중국 엔지니어들이 무슨 연구를 할 능력이 있냐고 말할 정도였습니다. 웅얼거리는 말투에 뉴질랜드 억양까지 심해서 말을 알아듣기도 어려웠고, 다시 얘기해 달라고 하면 역정을 내곤 해서 대화가 참 힘들었습니다. 단도직입적으로 아시아 담당자로서 제게 무엇을 원하는지 알려 달라고도 했지만, 속 시원한 대답을 주지 않았습니다. 나중에는 제발 알려 달라고 부탁하듯 말했는데도, 그는 이런 말을 무시하곤 했습니다. 알아서 하라는 것이었습니다. 수차례에 걸쳐 거부를 당하자, 저도 오기가 쌓이고 자존심이 상해서 적극적으로 말을 꺼내지 않았습니다.

본사에 있는 Z 역시 오직 에폭시 경화제 분야에서만 20여 년을 근무했던 터라, 저처럼 에폭시 신참을 무시하고 깔보는 성향이 강했습니다. 이 사람은 특히 아랫사람은 거의 무시하고, 자기 위에 있는 사람에게만 잘 보이려는 스타일로 보였습니다. 또 취미가 사람에 대한 뒷담화를 하는 것이어서, 본사에 있는 웬만한 직원들도 싫어하는 사람이었습니다. 그래도 상사들로부터는 좋은 평가를 받는 사람이긴 했습니다. 나중에 안 사실이지만, 이 사람은 한국인이, 더욱이 에폭시를 하나도 모르는 사람이 미국 본사연구소의 팀장으로 일하는 것에 대해 심하게 반대했다고 합니다. 정작 제가 미국에서 근무할 때는 전혀 싫은 내색을 하지 않아서 몰랐으나, 뒤에서는 저에 대해 많은 험담을 했다고 들었습니다. 미국에서 근무하던 2년 동안 그와 만나 얘기할 기회가 있었으나, 저도 그에 대해 선입견이 있었던 터라 개인적으로 대화하거나 식사를 같이하거나 하지는 않았습니다.

제가 속한 기술 연구조직의 상사들은 제가 빨리 인원을 채용하고, 어지간한 실험을 중국에서 직접 할 수 있도록 장비들을 구매하고, 어떤 연구를 언제까지 하여 결과를 낼 것인지 보고하길 원했습니다. 문제는 제게 이런 지시를 내린 상사도 M이나 Z하고는 협의를 하지 않았다는 것이었습니다. 기술 연구조직 입장에서는 상해에 로컬 연구조직을 만들었으니 뭔가 하고 있다는 것을 보여주고 싶었을 테고, 그래서 저를 재촉한 것이었겠지만, 제 입장에서 비즈니스 팀의 협조나 지원 없이 어떤 구체적인 성과를 만드는 것은 불가능에 가까웠습니다.

지금 생각해 보면, 이런 상황일 경우 제가 더 적극적으로 나서서 시니어 매니저들 간의 회의를 주선하거나 요청하고,

제 입장에 관해 설명했어야 했는데, 당시에는 그런 요령을 몰랐습니다.

지금 이런 일이 제게 닥친다면, 저는 본사에 있는 시니어 매니저들이 중국 연구소를 방문할 수 있도록 온갖 명분과 기회를 만들어 초청할 것입니다. 거기다 이들이 좋아할 만한 관광 코스와 현지 맛집 탐방을 준비하는 데 많은 시간과 노력을 쓸 것입니다. 대접받는 것을 싫어할 사람은 없으니까 말입니다. 우선 그들을 기분 좋게 만들어 놓고, 한곳에 모아 제가 할 일에 대해 합의를 해달라고 하면, 모든 문제가 해결됐을 것입니다.

그 당시 홍콩에 살고 있던 M과의 관계 설정에도 모자란 점이 많았습니다. 상해에 잘 오지 않는 사람이라 대화할 기회가 거의 없었습니다. 게다가 서로 꺼리던 사이니, 그의 협조를 얻기는 거의 불가능했습니다. 지금이라면 어떤 어려움이 있더라도, 그가 있는 홍콩으로 달려가 대화를 시도하고, 맥주라도 거나하게 마시면서 인간적인 교류를 먼저 할 것입니다. 외국계 기업에서 일하다 보면 언어장벽 때문에 외국인 동료들과 개인적 친분을 만들기가 어려울 때가 많은데, 그럴수록 식사 등 개인적 만남을 통해 허심탄회하게 털어놓고 이야기하는 편이 차라리 낫습니다. 제가 경험으로 뼈저리게 느낀 일이니 믿으셔도 됩니다.

멀리 떨어져 있는 본사의 Z와도 제가 좀 더 적극적으로, 1:1로 얘기할 기회를 만들어야 했는데, 그 당시에는 여러 명이 참석하는 전화 미팅에서 업무적인 이야기만 하고 개인적으로 얘기할 기회는 만들지 못했습니다. 어떻게든 출장 기회를 만들어 본사에 찾아가 얼굴을 맞대고 얘기했더라면, 그와의 관계도 좋아지지 않았을까? 라는 생각도 듭니다. 최소한 편지나 이메일이라도 보내 제가 겪고 있는 어려움에 대해서라도 말해볼 걸 그랬습니다.

상해로 옮기고 반년이 흘러도 업무는 잘 진척되지 않았습니다. 연구원 몇 명만 채용했을 뿐, 연구 분야도 결정하지 못해 설비를 갖추지 못하는 상황이었습니다. 그리고 부끄럽지만, 갈수록 회사에 대한 애착도 떨어져 주재원의 혜택을 누리느라 바빴던 것 같습니다. 휴가를 가족들과 관광을 다니거나, 유명한 맛집을 찾아다니는 게 일상이었습니다. 뭘 적극적으로 하기보다는, 그저 해야 할 일만 하는 식이었습니다. 계약은 3년이니, 그동안에는 별일 없으리라고 믿고 있었습니다.

그러다 당황스러운 일이 터졌습니다. 제가 처음에 소속되어 일했던 수성에멀젼 사업이 독일회사로 팔리게 된 것입니다. 이 매각 협상은 워낙 고위급 사람들에 의해서 진행됐던 것이라, 저는 까마득히 모르고 있었습니다. 2년 전 미국 주재원으로 나갈 때의 예정은 제가 수성에멀젼을 포함해 에폭시 등 모든 화학제품에 대한 아시아 총괄매니저가 되는 거였는데, 제일 매출이 컸던 수성에멀젼이 빠지면 총괄매니저 자리 자체가 없어질 수도 있었습니다. 경이로운 실적을 만들었었던 수성에멀젼 분야에는 이미 새로운 매니저가 후임으로 들어와 문제없이 운영되던 터라, 다시 돌아갈 자리도 없었습니다. 미국에 있는 동안 수성에멀젼 분야 비즈니스 매니저와 가끔이라도 연락하면서 제 존재를 계속 각인시켰어야 했는데, 이미 때는 늦었습니다. 미국에서 에폭시 관련 일을 할 때, 한국에 있었던 수성에멀젼 쪽 사람들과 교류를 끊어 버렸던 것이 상상하지도 못한 결과로 돌아왔습니다.

상해에서 근무한 지 약 1년이 지날 무렵, 저는 회사로부터 해고 통보를 받았습니다. 수성에멀젼 사업이 없어지면서 화학 사업의 매출규모가 반 이하로 줄었기 때문에 인원 감축이 논의됐고, 비싼 상해 주재원 패키지를 받는 제가 제일 먼저 대상이 되었습니다. 애초에 얘기됐던 아시아 총괄매니저 자리도 없어졌습니다. 저와 관계가 좋지 않았던 아시아 지역 담당 비즈니스 매니저들이 제 역할에 대해 변호해주지 않은 것이 결정적이었다고 들었습니다. 아마 그들이 저를 긍정적 생각했다면 최소한 3년 계약기간은 채울 수 있었겠지만 이제 와서 바꿀 수 없는 일이었습니다.

실직과
새로운 기회

실직 통보를 실제로 받으니, 정말 큰 충격으로 다가왔습니다. 한 일주일은 향후에 대한 고민은커녕, 내가 왜 대상자가 되었나? 누가 그랬을까? 설마 진짜 해고될까? 회사 방침이 바뀌지 않을까? 하는 생각으로 그저 멍하게 보냈습니다. 출근해서도 근처 공원에서 종일 서성거렸고, 밤에는 한적한 곳에 있는 한국식당에서 혼자 소주를 들이켜며 울분을 삼키곤 했습니다. 가족들에게도 창피해서 실직 사실을 이야기할 수 없었습니다.

하지만 계속 이러고 있을 수는 없었기에, 저는 정신을 차리고 어떻게 할 것인가 방법을 찾기 시작했습니다. 가장으로서 아이들이 계속 국제학교에 다닐 방안을 찾는 게 급선무였습니다. 미국과 상해에서 맡았던 에폭시경화제 기술 쪽은 한국에 생산이나 연구조직이 없었기 때문에 상해에서 일자리를 찾으려면 기술직 이외에 다른 것을 알아보아야 했습니다. 당시 상해에 주재하고 있던 중국 비즈니스 매니저에게 어떤 자리라도 좋으니, 상해에 있게 해 달라고 부탁도 했지만, 주재원 패키지로 있는 한 줄 수 있는 자리는 없다는 답변만이 돌아왔습니다.

상해 주재원으로 있을 수 있는 자리를 알아보려고 15개가 넘는 헤드헌팅 회사에 이력서를 만들어 보냈습니다. 당시는 인터넷 검색도 어려울 때라, 한국에 있는 서치회사 직원에게 통사정을 해가며 상해 헤드헌터 연락처를 구했었습니다. 그때까지도 그동안 성공가도를 달려왔던 저에 대해 자부심이 있었던 터라 어렵지 않게 다른 글로벌 회사를 찾을 수 있을 것이라는 환상을 갖고 있었습니다. 하지만 한 달이 지나도 한두 군데에서 이직 의사를 확인하는 전화만이 왔을 뿐, 제가 기대한 것처럼 '어서 오십시오' 하는 소식은 단 한 번도 없었습니다.

상해에 기술연구소나 지사를 가진 한국회사도 물론 찾아봤습니다. 대기업 홈페이지를 찾아 무턱대고 인사담당자에게 메일을 보내기도 했지만, 역시 묵묵부답이었습니다. 사실 주재원 자리는 많은 이들이 탐내는 자리여서 보통 오랫동안 근무한 직원들에게 돌아갑니다. 그래서 외부 지원자를 받을 리가 만무했지만, 당시로써는 지푸라기라도 잡으려는 심정이었습니다.

이런저런 해결책을 생각했지만, 전혀 가능성이 보이지 않았습니다. 그리고 회사에서 향후 거취를 찾아보라고 제게 준 3개월의 시한이 점점 다가오면서, 그동안 자신만만했던 저에 대해 깊이 반성하고 성찰하게 되었습니다. 1998년부터 2006년까지 8년 동안 조그마한 한 분야에서 운이 좋아 인정을 받은 것을 가지고, '나는 그 누구보다도 잘난 놈이고, 나만큼 실력과 능력을 갖춘 놈은 없다고, 그래서 어떤 회사에서도 나를 원할 것이다'라고 확신했는데, 실상은 그렇지 않다는 것을 깨달은 것입니다. 40대 중반이 되어서야 이걸 깨달았다는 것이 참 한심스러웠습니다. 한없이 작아지는 저를 느낄 수 있었습니다.

하지만 하늘이 무너져도 솟아날 구멍이 있듯이, 이후 우여곡절 끝에 같은 회사 산업가스 사업부의 운영 매니저 자리를 겨우 얻어 한국으로 돌아올 수 있었습니다. 아쉽지만 국제학교에 다니던 아이들도 한국의 학교로 전학했습니다. 교육환경의 차이로 아이들도 많은 스트레스를 겪었고, 저 역시도 15년 이상 몸담았던 화학분야를 떠나 새로운 분야였던 고순도 산업가스에 관한 공부를 하느라 1년 이상 고생했습니다. 기초 용어부터 제조공정까지 모든 것이 달랐으니 말입니다. 직원들이 저를 따르게 만드는 것도 일이었습니다. 압축기, 배관, 전기 등 공장의 각 분야에 최소 10년 이상 잔뼈가 굵은 베테랑들을 이끌어야 하는 공장장으로 이 분야의 신참이 왔으니, 그들도 힘들었을 것입니다.

그때부터 저는 8년 간 질소, 산소 등 반도체용 고순도 가스 생산부문과 엔지니어링 부문에 매달렸습니다. 주변에서는 일단 급해서 가스제조 분야에 일하는 것이고, 좀 있다가 화학분야 회사를 찾아 전직할 것이라는 말을 많이 했으나, 저는 제가 힘들 때 자리를 마련해준 분들의 성의를 배신할 수 없어서 비전공 분야였지만 나름대로 최선을 다해 일했습니다.

전공 공부나 연구와 별개로 이때부터는 관계에 대해서도 깊이 생각하게 되었습니다. 상해에서 제가 실패했던 원인은 누가 뭐래도 인간관계였습니다. 작은 성공에 기댄 자부심과 성과만으로는 제가 원하는 업무나 자리를 얻을 수 없었습니다. 빠르게 변하는 산업 환경이나 회사의 사정을 생각하면 너무도 당연한 이야기입니다. 함께 일하는 사람들과의 조화, 조직의 특성, 인간관계는 너무도 중요합니다.

비록 제가 HR이나 조직, 인간관계에 전문가는 아니지만, 한번 실패를 맛보고 사람들과의 관계 맺기에 또 실패하지 않기 위해 여러 노력을 해봤던 사람으로서 한 가지 방법을 추천하자면, '자세히 기록하기'를 권합니다.

저는 직위가 높든 낮든, 한국인이든 외국인이든 관계없이 만나는 사람들 한명 한명에 대한 프로필을 꼼꼼하게 기록했습니다. 생일, 출신학교, 고향, 취미, 언제 어디서 술 한잔했는가 등 모든 인연을 잊지 않도록 하기 위함이었습니다. 처음에는 명함 뒤에다 간단히 메모했는데, 두세 번 만나면 더 적을 데가 없었습니다. 그래서 아예 워드 파일로 만들고 스마트폰에 저장해서 들고 다녔습니다. 누군가를 만나러 갈 때, 전에 기록해놓은 것을 보고 나가면 훨씬 더 자연스러운 자리를 만들 수 있었습니다. 어떻게 그런 걸 다 기억하고 있냐며 깜짝 놀라는 사람들도 많았고, 그만큼 좋은 인상을 남길 수 있었습니다. 처음에는 저를 약간 멀리하던 다른 공장장급 임원들도 몇 번 식사나 미팅을 한 뒤에는 저에게 호의를 가지는 모습을 직접 느낄 수 있었습니다.

누구와도
좋은 관계를 유지할 것

한국에서 근무하고 나서도, 많은 외국인 직원들과도 업무상 교류가 있었습니다. 중국, 싱가포르, 대만 등에서 일하는 직원들과 1년에 한 번 정도 아시아 지역 매니저 워크숍 등에서 만날 기회가 있었는데, 이때도 개인 프로필을 꼼꼼하게 적어두었다가 나중에 잘 활용했습니다. 저와 같은 운영 operation 분야의 직원뿐만 아니라 마케팅, 세일즈 등 다른 분야에 있는 직원들도 마찬가지로 대했습니다. 이런 노력이 쌓이면서 국내외 많은 직원들에게 저를 알릴 수 있었고, 이후 좋은 관계를 유지하고 넓혀나갈 수 있었습니다.

해외에서 한 번이라도 만났던 직원들이라도 한국에 오면, 저는 5분이라도 시간을 내 커피라도 한잔하는 등 친분을 유지하려고 노력했습니다. 이런 노력이 계속되자 나중에는 가족여행을 한국으로 오려고 계획하는 전혀 다른 부서의 싱가포르 직원이 제게 이메일로 이런저런 것들을 물어보는 일까지 있었습니다.

사람들과의 좋은 관계를 가져가는 것이 회사에서 성공하는 유일한 방법은 아닙니다. 하지만 잘 관리하면 업무에 아주 큰 도움을 준다고 생각합니다. 저 역시도 이렇게 사람들에 대해 자세히 기록하며 그들과 친분을 유지한 이후, 주변에 있는 많은 사람들로 호의적인 도움이나 호평을 받을 수 있었습니다. 그리고 동시에 저를 깎아내리거나 모함을 하는 일들도 없어졌습니다.

실직은 모든 샐러리맨의 인생에 가장 큰 충격일 것입니다. 매출 3,000억 정도의 견실한 반도체 특수가스 공급 장비 전문 글로벌 기업의 대표이사로 근무하고 있는 지금도, 지난 2006년에 겪었던 갑작스러운 실직을 생각할 때마다 그때의 충격과 아픔이 아직도 머리털이 쭈뼛 설 만큼 생생하게 느껴집니다.

　제 부끄러운 사례에서 볼 수 있듯, 글로벌 조직에서 일을 잘하는 데 필요한 것 중 하나는 언어와 문화가 다른 사람들과의 끊임없는 소통, 자기 PR 등을 통해 주변에 있는 사람들의 긍정적인 반응positive feedback을 얻는 것입니다. 그리고 그 바탕이 되는 것은 주위에 있는 모든 사람이 다 소중하다는 믿음을 갖는 것입니다. 여러분들의 곁에도 소중한 분들이 갈수록 많아지길 바랍니다.

뜻밖의 곳에서 발견한
비전

정동수

실패에는
새로운 기회가 있다

저는 중학교 입시를 본 마지막 세대입니다. 나름 성적이 좋아서 경기중학교에 지원했지만, 낙방을 했고, 2차로 지원한 중앙중학교도 떨어졌습니다. 당연히 붙을 것이라고 생각해서 그런지 여간 당혹스러운 게 아니었습니다. 그러나 마음을 다잡을 새도 없이, 아버지께서 물어보셨습니다.

"너 재수할래? 검정고시 볼래?"

검정고시라는 말은 그때 처음 들었지만, 재수를 해 친구들보다 1년 늦어지기보다 2년을 앞설 수 있다는 검정고시에 도전을 하기로 결정했습니다. 그렇게 해서 검정고시 학원 생활을 시작했고, 7월에 합격했습니다. 이제 막 시작이었습니다. 1차 고등학교 입학시험을 위해 저는 거의 매주 모의고사를 치르는 강행군을 했습니다.

대망의 경기고등학교 시험을 보는 날이 되었고 초반에는 생각보다 문제가 잘 풀려서 합격할 것 같았습니다. 하지만 그 기대는 수학시험을 보면서 무너졌습니다. 숱하게 모의고사와 참고서를 풀었지만, 눈앞의 수학 시험지에는 처음 보는 문제들로 가득했습니다. 당황해서 제대로 풀 수 없었던 저는 결국 떨어졌습니다.

며칠 후에는 2차인 중앙고등학교 시험이 있었습니다. 이번에도 수학 시험에서 곤란한 문제를 만날까봐 걱정했지만, 다행히 중앙고등학교의 수학 시험은 그렇게 어렵지 않았습니다. 저는 당당하게 제 실력을 발휘할 수 있었고, 중앙고등학교로부터 수석으로 입학했다는 통지를 받았습니다.

그날, 집에서는 회의가 열렸습니다. 중앙고등학교에는 합격했지만 재수를 해서 다시 경기고등학교에 도전할 수도 있었습니다. 각 선택에 대해 이런저런 얘기를 나누던 도중, 어머니께서 말씀하셨습니다.

"고등학교에 진학해라."

저는 이유가 궁금해 물었습니다.

"왜요?"

"우리는 곧 미국으로 이민 갈 거야"

당황스러웠습니다. 얘기를 더 들어보니 제가 중학교 입시에서 낙방했을 때부터 사실 부모님들은 미국 이민을 결정했다고 하셨습니다. 그것도 1, 2년 안에 갈 것이라고도 하셨습니다. 재수하는 것보다는 지금 바로 고등학교를 다녀 조금이라도 새로운 것을 배우다 가는 것이 좋을 것 같다고도 하셨습니다. 그래서 저는 중앙고등학교를 2학년까지 다니다 1970년 8월에 미국 L.A.로 떠났습니다.

진로를 향한
발걸음

L.A.에 도착한 저는 할리우드 고등학교Hollywood High School를 1972년에 전교 일등으로 졸업했습니다. 목표는 하버드 대학교에 입학하는 것이었지만 저는 아직 공부가 부족하다고 느꼈습니다. 그때 마침 매사추세츠 주에 있는 필립스 아카데미 앤도버Philips Academy Andover를 소개받고 입학해서 1년을 더 공부하고 하버드대학교에 입학할 수 있었습니다.

대학교에서는 진학할 당시에는 전혀 몰랐던 사회학을 전공하며 미국사회와 역사에 대해 공부하고 다양한 경험들을 했습니다. 시간은 정말 빠르게 흘러 어느새 대학 졸업 후의 미래에 대해 결정을 내려할 때가 왔습니다. 4학년 2학기 말에 고민하고 있던 저는 매사추세츠 대학교의 피터 박 사회학 교수가 연구 보조원을 찾고 있다는 소식을 들었습니다. 매사추세츠 대학교의 본원은 매사추세츠 서부의 작은 도시인 애머스트Amherst에 있는데, 피터 박 교수는 매사추세츠 주 서부에 사는 한인들을 대상으로 미국 이민생활에 어떻게 적응하고 있는지를 조사한다는 것이었습니다.

아직 진로를 정하지 못해서 부모님을 뵐 면목도 없던 차에, 저는 전공과 부합한 연구 과제라 생각하고 일단 뭐라도 하자는 심정으로 연구 보조원으로 들어갔습니다. 6월에 졸업하고 7월 초부터 바로 일을 시작해 12월 말 크리스마스전에 완료하는 일정이었습니다. 지금 와서 생각해보면 편하게 일할 수 있는 환경은 아니었습니다. 연구 인원은 단 둘, 피터 박 교수와 저뿐이었기에 사실상 제가 모든 업무를 처리하는 상황이었고, 시간당 약 7달러를 받았는데 아파트를 얻기에는 부족한 급여였습니다. 그래서 저는 피터 박 교수의 집과 가까운 곳, 노스햄프톤의 스미스 대학Smith College에서 두 블록 떨어진 곳에서 아들과 딸이 하나씩 있는 백인 부부의 집에서 소위 하숙을 하기로 했습니다.

제 첫 업무는 조사 대상, 즉 매사추세츠 주 서부에 사는 한인들을 확인하는 것이었습니다. 실제로 누가 살고 있는지 알 수 있는 통계나 데이터가 없었기에 완전히 맨땅에 헤딩하는 식으로 조사를 시작했습니다. 매사추세츠 주 남쪽에 있는 코네티컷 주 하트포드에 위치한 한인 교회에서 우선 성가대원으로 활동하며 교인들과 친해졌습니다. 다행히 매사추세츠 서부에 사는 한인들이 실제로 꽤 많이 다니고 있어서 어느 정도 파악이 가능했습니다.

초기 파악을 해보니, 매사추세츠 주 서부의 한인들은 크게 두 집단으로 나눠져 있었습니다. 미군과 결혼한 여성들이 있었고, 나머지는 그들이 이후에 초청한 가족들이었습니다. 한국을 떠난 이들이 잘 적응하고 있는지 파악하기 위해서는 설문조사에 앞서 먼저 개인적인 친분을 쌓을 필요가 있다고 느꼈습니다. 아무래도 개인적인 삶과 밀접한 얘기가 많이 나올 터이니, 솔직한 대답을 위해 친해지는 것이 중요하다고 생각했기 때문입니다. 그리고 이것이 제 진로를 위한 첫 발걸음이 되었습니다.

그렇다고 해서 무턱대고 말을 거는 것도 예의가 아닐 것 같아서, 고민 끝에 개인 영어 교습을 생각해냈습니다. 저는 한인들이 사는 집집마다 돌아다니며 1시간씩 영어 가르쳐드리겠다면서 얼굴을 비쳤습니다. 놀랍게도 미국에서 살고 있지만 영어를 제대로 하지 못하는 분들이 꽤 있었습니다. 영어를 공부해볼 기회가 없었고 그 역시도 부끄러워 친구들이나 이웃에게 털어놓지 못하고 계셨던 것입니다. 저는 그래서 매일같이 집집마다 영어 교습을 다녔습니다.

1달 정도가 지나고 나니, 교습을 받으시는 분들이 제게 미안함 마음을 가지셨는지, 제 수고를 조금이라도 덜어주시려고 동네별로 모여서 교습을 받기 시작하셨습니다. 또한 점심시간 전후에 교습을 할 때에는 점심을 해주시기도 했습니다. 이렇게 영어 교습을 시작한지 2달, 3달이 지나고 나니 어느 정도 친해진 분들이 많아졌고 기꺼이 설문조사에 응해

주셨습니다. 솔직하고 다양한 이야기를 토대로, 저는 양질의 연구보고서를 작성할 수 있었습니다.

연구보고서를 완성할 때쯤, 좋은 정보를 제공해주신 분들을 위해 다양한 이벤트를 준비하기도 했습니다. 뉴욕에 있는 한국문화원으로부터 한국영화를 빌려 '한국영화의 밤' 행사를 몇 차례 열었더니 고국의 영화를 보러 많은 분들이 함께 해주셨습니다. 한번은 제가 연미복을 입고 성의껏 노래를 부르는 독창회를 열기도 했습니다.

그렇게 지내던 중, 나에게 영어를 배우던 학생 중 한 분이 물으셨습니다.

"미스터 정, 정말 하버드 대학교 졸업한 거 맞아요? 그렇다면 교포 사회를 위해 더 큰 일을 해야지, 왜 우리 아줌마들이랑 이러고 있어요."

이 말을 들은 다른 분들도 같은 말을 하셨고, 순간 저는 머리를 망치로 한 방 맞은 것 같았습니다. 그렇습니다. 이분들은 자기들이 하지 못했던 의미 있는 일을, 제가 해주길 바라고 계셨던 것입니다. 그래서 그 일이 과연 무엇일지 고민하기 시작했습니다. 저는 더 큰 물에서 변화를 일으켜야 했습니다.

인생에 대한 비전은
전혀 예상하지 못한 곳에서

고민 끝에 나는 행정대학원과 법대에 지원하기로 했습니다. 1978년 프린스턴대학교 국제행정대학원에 입학해 1980년에 석사를 마쳤습니다. 이후 1년을 주식회사 엑손Exxon 본사에서 재무분석가로 일을 하다가 재미 교포사회가 미국주류사회에 보다 잘 대응하고 주류사회의 일원으로 변화하고 성장하는 일에 기여하기로 결정했습니다. 그러기 위해서는 교민들이 가장 많은 L.A.에서 변호사로 활동하겠다는 결정을 하고 1981년에 UCLA 법대에 입학해서 3년 뒤인 1984년에 졸업하고 바로 가을에 변호사가 되었습니다.

법대 재학 중인 1983년에 재미한인들의 권익옹호와 주류사회 진출을 도울 목적으로 한미연합회Korean American Coalition을 창립했고, 단체의 기초를 튼튼히 하려고 1986년까지 초대회장을 역임했습니다. 이 단체가 지금은 미국 전국에 8개의 지부를 통해 활동하고 있고 그 동안 국회의원인 김영과 미셸 박 스틸을 포함해서 많은 정치인들과 보좌관들을 배출했습니다. 1991년 6월에 L.A.에서 캘리포니아 주 하원의원 46지구의 보궐선거 예선에 민주당 후보로 출마해서 3

위로 낙선을 한 경험도 있습니다. 그 후에 1993년 말까지 L.A.에서 변호사로 일하다가 1993년 12월부터 2001년 1월까지 클린턴 행정부에서 대통령의 임명을 받아 상무성의 국제무역청에서 7년간 근무했습니다.

이러한 활동들을 통해 저는 미국의 한인 사회를 위해 다양한 시도를 했고, 눈에 띄지는 않지만 분명 조금이나마 도움이 되었으리라고 생각합니다.

돌이켜보면 1977년 가을에 매사추세츠 주에서 제가 영어를 가르쳤던 분들이 제 인생의 방향을 설정하는데 결정적인 역할을 했습니다. 전혀 예상하지 못했던 곳에서 예상하지 못했던 분들로부터 가장 큰 선물을 받은 것입니다. 제가 겪은 여정을 생각하면 인생은 참 오묘하다고 느낍니다.

이후 2002년에 저는 한국으로 돌아왔습니다. 변호사로 잠시 일하다가 2006년부터 2010년까지 4년 간 대한민국을 위해 코트라에서 Invest Korea의 단장으로 외국기업과 외국인 투자유치업무를 총괄했습니다. 그 후 2021년 말까지 법무법인 율촌에서 미국변호사로 근무하다 정년퇴직했습니다. 지금은 그 동안의 다양한 경험들을 바탕으로 한국 밖으로 진출하려는 여러 기업들을 자문해주며 돕고 있습니다.

마지막 기회,
나는 이대로 살고 싶지 않다

승수언

1986~1989년	Babcock & Wilcox Refractories in Canada
	(고온내화 세라믹단열재 생산) Project engineer/Plant Supervisor
1989년~현재	CEO of INSULATION KOREA Co,. Ltd
	(사명 변경 전, ISOLITE KOREA)
2006~2016년	경희대학교 경영학과 겸임교수 역임
2016~2022년	연세대학교 경영전문대학원 총동창회 부회장
2013년~현재	Dream Scholarship Foundation 이사
2018년~현재	한국외국기업협회(FORCA) 이사
2022년~현재	연세대학교 경영전문대학원 총동창회 회장

도넛을 질리도록
먹었을 때

토론토 대학교를 다닐 때는, 공부를 열심히 할 수밖에 없던 시절이었습니다. 매일 밤 12시까지 학교 도서관에서 공부하고, 12시에 도서관이 닫으면 열려 있는 강의실을 찾아서 1시간이라도 더 공부를 해야 하던 시절이었습니다. 아직도 그때의 모습이 눈에 선하고 아직도 그 시절을 생각하면 가슴이 뛰곤 합니다. 부푼 꿈을 갖고 공부에만 전념하던 시절이어서 그런 것이었을까요.

지금이야 추억이니 이렇게 좋게 기억할 수 있지만, 당시 학기를 실제로 다니고 있을 때에는 오로지 공부 외에는 아무런 여유가 없었습니다. 기말고사를 마친 날에나 술집에 들어가 마시고 싶던 맥주를 마음껏 마실 수 있었습니다. 어떨 때는 얼마나 퍼 마셨는지, 아침에 눈을 떠보니 빈 욕조에서 담요를 덮고 자는 자신을 발견하기도 했습니다. 학기가 끝난 이후에도 바쁜 건 여전했습니다.

4개월이나 되는 방학 때는 학비를 마련하기 위해서 일해야 했습니다. 저는 주는 돈도 나쁘지 않으면서, 영어회화 연습도 할 수 있고 틈 날 때 공부도 할 수 있는 도넛 가게에서

점원으로 알바를 했습니다. 낮이 아니라 밤 11시부터 아침 7시까지 일하는 야간 근무를 신청했는데, 사람들이 제일 일하기 싫어하는 시간이기에 다른 시간대보다 시급이 높았고, 밤이라 남는 시간도 꽤 있어서 공부도 할 수 있고 손님들과 이야기할 수 있는 시간도 있었기 때문입니다.

사장님이 한국 사람인 점도 좋았습니다. 뭐든지 먹거나 마셔도 괜찮다고 했고, 덕분에 새벽에 갓 나온 도넛을 즐겨 먹을 수 있었습니다. 물론 그 기쁨이 아주 오래가지는 않았습니다. 계속해서 도넛을 먹다 보니 어느 순간부터 도넛 기름 냄새를 맡으면 신물이 넘어왔고, 속이 쓰리기 시작했습니다. 그 이후 도넛을 쳐다보지도 않게 되었고 지금도 마찬가지입니다. 비록 도넛은 더 이상 먹지 못하지만 그 시절 고생하면서 벌었던 돈과 고객들 응대하면서 연습했던 영어는 나중에 큰 도움이 되었습니다.

엔지니어의
자부심

저는 흔히 말하는 공돌이로서, 토론토 대학교에서도 기계공학을 전공했습니다. 졸업을 할 무렵 어느 누구나 그러하듯이 수백통의 이력서를 만들고 복사해서 모든 기업체에 보냈습니다. 그때만 해도 아날로그 시대라 모든 것을 우편과 집에 있는 전화로 연락해야 하던 시절이었습니다.

수백 통을 보냈지만 한 달이 다 되어가도 아무런 답장도 받지 못해 초조해하던 때, 운 좋게 나름 괜찮은 곳으로부터 인터뷰 요청이 왔습니다. 밥콕 윌콕스Babcock and Wilcox라는 곳으로, 본사는 미국에 있고 캐나다에서도 어느 정도 자리를 잡은 곳이라 좋은 기회다 싶어 얼른 회사이름을 받아 적고 전화번호와 담당자를 확인했습니다.

첫 면접이니 그만큼 중요했고, 일단 그 회사가 어떤 회사인지 알아보기로 했습니다. 지금은 웹사이트나 검색 사이트 등 다른 수단이 많지만 그때만 해도 모든 기업의 정보를 알기 위해서는 중앙도서관에 가서 회사자료를 찾아야 했습니다. 그것도 그나마 큰 회사들만 찾을 수 있었고 작은 회사들에 대한 정보는 찾기가 어려웠습니다. 저는 하루 종일 공부할 생각으로 중앙도서관으로 가서 아침부터 회사 정보를 알아보고 스크랩을 했습니다. 다 모아보니 거의 두꺼운 책 1권이 나왔고, 인터뷰 전까지 계속해서 읽었습니다.

드디어 면접 날, 흥분되는 마음으로 양복을 갖춰 입고 면접장에 도착했습니다. 기다리는 동안 HR 담당인 페기에게

넌지시 몇 명이나 지원했는지 물어보았더니, 132명이 지원했고 단 1명의 엔지니어만 뽑는다고 얘기해주었습니다. 그리고 1차 때는 6명만 면접한다는 얘기를 막 들었을 때, 제 차례가 되었습니다.

다른 면접자들은 모두 말끔하게 생긴 노란 머리의 캐나다인 토종의 모습이었고, 저만 노란 피부의 유색인종이었지만 그래도 최선을 다해 준비했기 때문에 그렇게까지 주눅이 들지는 않았습니다. 면접관들 앞에서 저는 그들의 질문에 차분히 대답하면서 면접을 치렀고, 복사해온 자료까지 꺼내 보이면서 자신 있게 이어나갔습니다.

면접 오기 전에 이 회사에 대해 열심히 공부한 것을 적극적으로 내비쳤더니, CEO가 웃으면서 이것저것 물어보기도 했습니다. 다른 나라, 그것도 지구의 반대편에서 온 누군가의 열정이 매력적으로 느껴졌는지 면접이 잘 마무리되었고, 다행히 최종 면접을 보러 오라는 연락을 받을 수 있었습니다. 최종 면접은 1차보다 더 열심히 준비해갔고, 그만큼 자신감 있게 면접을 치러 132대 1의 경쟁률을 뚫고 동양인 최초로 입사하는 영광을 얻었습니다. 엔지니어 출신으로 막 샐러리맨 생활을 시작하는 순간이었습니다.

몸속에 감춰진
끓는 피

일하기 시작한지 몇 년 후, 공장 자동화 프로젝트를 진행하던 중 CEO인 피터 레저Peter Ledger씨가 저를 사무실로 따로 불렀습니다. 일본에 파트너 회사가 있는데 그곳은 잘 되어있으니, 3박 4일로 견학을 다녀오면 공장자동화에 도움이 많이 될 거라는 제안을 하면서 다녀오는 것을 어떻게 생각하느냐고 물었습니다.

갑작스러운 제안이었지만 나쁠 것은 없어 보였습니다. 아니 생각해보니, 이것이 웬 떡이냐는 듯 반가운 제안이었습니다. 저는 꼭 도움이 될 수 있게 많이 공부해 오겠다고 대답했고, 기쁜 마음으로 얼른 일본 출장 준비를 했습니다. 공장자동화를 꼭 성공시키겠다는 다짐과 생애 처음으로 일본을 방문하는 설렘과 함께 출장길에 올랐습니다.

일본에 도착하니 파트너 회사에서 온 다나카씨가 반겨주었습니다. 파트너 회사인 일본의 이소라이트는 제가 다니던 밥콕 윌콕스의 50% 지분과 일본 지분이 50%인 곳이었고, 다나카씨는 당시 680명의 일본인 중 영어로 소통이 가능한 단 2명 중 1명이었던 것입니다. 다나카씨의 도움으로 영어만 가능했던 저는 일본의 엔지니어들과 활발하게 의견을 교환할 수 있었습니다.

처음 가봤던 일본이어서 그런지 유난히 더 많이 배우고 체험할 수 있었던 것 같습니다. 비록 3박 4일의 짧은 시간이었지만 재밌는 일들도 많았습니다. 당시엔 혈기왕성했던 20대였기에 열심히 일하고 나면 배가 고픈 것은 당연했습니다. 그래서 저는 회전초밥 집에서 30접시는 기본으로 먹곤 했는데, 그때마다 다나카씨가 계산을 하며 놀라던 표정이 아직도 생생합니다. 그렇게 같이 지내던 다나카씨와 인사를 하고 저는 캐나다로 돌아왔습니다.

그로부터 3년 후, 캐나다에서 아직 엔지니어로 일하던 도중 3박 4일의 일본 방문을 책임져준 다나카씨로부터 저를 급하게 찾는 연락을 받았습니다. 이소라이트가 한국에 지사를 설립할 예정인데, 혹시 한국에서 이소라이트의 초대 한국 지사장으로 일할 의향이 있냐고 물어봤습니다. 반갑다는 말을 전하기도 전에, 엔지니어에서 비즈니스맨으로 바뀌게 될 인생의 터닝 포인트를 만났습니다. 비록 오래 전이지만, 다나카씨가 일본에서 같이 지내면서 보여준 제 열정과 비즈니스 마인드를 긍정적으로 기억해준 것 같습니다.

하지만 엔지니어에서 한국 지사장으로의 변신은 간단한

일은 절대 아니었습니다. 아무리 지사라고 해도 새로운 회사를 차리는 것과 다를 바가 없었습니다. 초대 지사장이었기에, 사무실 임대계약, 회사설립등기 등 익숙하지 않은 일들을 처리해야 했습니다. 아무리 생각해도 혼자서는 힘들 것 같아서 신문에 구인 광고를 내 비서를 구하고, 본격적으로 지사를 차리기 시작했습니다.

첫 번째 난관은 일본 본사와의 의사소통이었습니다. 저는 일본어보다는 영어가 익숙했는데, 아무래도 일본 본사에서는 일본어가 중심이다 보니까 많은 시행착오를 겪게 되었습니다. 제가 영어로 얘기하면, 그쪽에서 일본어로 번역해 일본 본사 내부에서 소통을 합니다. 그리고 그 결과를 일본어로 받아서 다시 영어로 번역해 소통을 하다 보니까, 잘못 전달되는 부분도 많았고 시간도 많이 걸렸습니다.

결국 답답함을 느낀 저는 제가 일본어를 배우는 편이 나을 것이라 생각해 새벽부터 시작하는 일본어 학원을 등록했습니다. 물론 회사 일정에 따라 못가는 날도 많았고 열정만큼 다 공부하지는 못했지만, 1년, 2년 넘게 꾸준히 공부를 하니 간단한 대화 정도는 할 수 있게 되었습니다. 그리고 그 때부터 일본어 실력이 폭발적으로 늘었고, 이제는 일본어가 영어만큼 편하게 되었습니다.

솔직히,
공부는 지긋지긋

CEO라는 자리는 정말 쉽지 않았습니다. 모든 CEO에게는 각자의 고충이 있겠지만 기계공학과만을 나온 저에게는 가늠조차 안 되는 일들이 많았습니다. 그래서 저는 부족함을 채우기 위해 연세대학교 MBA 경영대학원을 다니며 산업 마케팅에 대한 석사학위 논문을 썼습니다. 하지만 이것이 끝은 아니었습니다. 학위를 딴 지 10년 뒤, 저는 인생의 마지막 공부를 위해 경희대학교에서 산업마케팅 전공으로 경영학 박사에 도전했습니다.

제 인생에 있어 정말 마지막 공부라고 생각하고, 죽어라 공부했습니다. 그리고 마지막 공부답게 몇 배는 더 힘들었습니다. 나이가 어린 것도 아니어서, 머리가 굳으니 이전보다 더 노력해야 겨우 남들을 따라잡을 수 있었습니다. 3년 6개월 동안의 박사과정은 지옥 같았고, 끝나니 다시는 공부하고 싶지 않은 마음도 들었습니다.

그래도 그 성취감도 역시 최고였습니다. 박사 학위 졸업식날, 어머니께 박사모를 씌워드리며 사진도 같이 찍고, 온 가족이 함께한 축하 자리는 인생에서 느낄 수 있는 최고로 따뜻한 순간이었습니다. 지긋지긋한 공부지만, 그때의 감정을 생각하면 알 수 없는 열정이 마음속에서 피어나는 것 같기도 합니다.

다시 한번
날개를 펴다

───────────────────────

그 후 세월이 흐르면서, 갑자기 불안한 마음이 생겼습니다. 어느 정도 나이가 드니, 10년 후가 되면 정년이라는 불안감 때문이었습니다. 어떤 이들은 정년이 되어 은퇴를 기다린다고 하지만, 저는 아직 젊었고 열정적이었기에 억울한 마음이 들었습니다. 불모지를 개척하는 마음으로 일궈낸 회사에 대한 애정도 많이 남아있었습니다. 그냥 이대로 나이 들어 퇴직해야 한다는 것이 너무나 아쉽고, 안타깝기만 했습니다.

이런 생각은 수년 동안 이어졌고, 그렇게 세월은 또 흘러가고 있었습니다. 그러나 마침 미국의 경쟁업체가 한국에 시장을 확대하고 침투하기 위해 현지화 전략을 시도하는 상황이 벌어졌습니다. 저는 이에 대응하기 위해서 보수적인 일본 본사에 여러 대안을 제시했습니다.

조금이라도 늦게 대응했다간, 시장에서 영향력을 크게 잃을 수도 있는 사안이었습니다. 저는 일본 본사의 중역들이 모이는 회의 자리에 긴급 사안으로 시간을 내달라고 요청했고, 앞으로 한국에서의 미래를 위한 사업 전략을 발표했습니다. 이것을 시작으로 저는 여러 차례 본사의 회의에 참여하며 새로운 아이디어들을 준비했습니다.

그동안 한국에서 사업을 진행하면서, 탈바꿈을 할 기회가 필요하다고 느꼈습니다. 저는 지점으로 되어있는 '한국지점'을 현지 법인으로 바꾸고, 1부터 100까지 모든 서비스를 제공하는 방식으로 바꾸자고 제안했습니다. 즉, 엔지니어링부터 공사까지 전부 제공하는 회사로 전환하는 것입니다.

하지만 본사는 제조만을 기반으로 하기에, 이 제안은 고려하지도 않은 채 거부했습니다. 수차례 얘기를 하고, 프레젠테이션을 통해 설득했지만, 일본 사람들의 보수적인 태도를 바꾸기는 어려웠습니다.

이쯤 되면 사실상 수포로 돌아간 것이었지만 마지막 시도를 위한 좋은 아이디어가 떠올랐습니다. 마지막으로 모두가 쉽게 이해할 수 있도록 만화로 한국에서의 현지화가 가져올 미래를 보여주기로 했습니다. 마침 조카가 만화를 그리는 일을 하고 있어서, 조카를 포함한 3명과 함께 모여서 제 생각을 설명한 후, 그 일대기를 만화로 제작하기로 했습니다.

꿈을 먹고 사는
소년

저는 맨발로 황무지를 개척하는 마음으로 회사를 설립하고, 고객을 만들어왔으며 고생으로 얼룩진 과거의 모든 흔적들을 최대한 자세하게 얘기했습니다. 이후 제가 그리는 미래 역시 현실적이고 상세하게 풀어나갔습니다. 만화로 완성하니 제 설명으로 다 담을 수 없는 심경이 더 잘 표현된 것 같았고, 이후 일본어로도 번역해 일본 본사로 보냈습니다. 한국 시장에서의 새로운 가능성에 대한 마음도 함께 담아서 말입니다.

하지만 이런 제 간절함이 누군가에게는 불편해 보였나 봅니다. 혼신을 다한 설득이었지만 실패했고, 심지어 일본 본사에서는 저에 대해 말을 안 듣고, 고집스러운 사람이라는 평가도 있었다고 훗날 들었습니다. 잘못했다간 회사에서 쫓겨났을 수도 있었던 것입니다. 한 번 더 밀어붙였으면 좋은 취지로 시작한 일이 인생의 실패 중 하나로 끝났을지도 모를 일입니다.

그래도 더 이상 누를 끼쳐서는 안되기에 저는 이후에는 한국지점 현지법인화에 대한 마음을 접게 되었습니다. 중간중간에 아쉬움을 달랠 수 없어 사표를 내는 것을 고민하기도 했습니다. 제가 원하는 방향으로 할 수 있는 사업을 하고 싶었지만 맨땅으로부터 일구어 낸 회사를 쉽게 떠날 수도 없었습니다.

그러던 어느 날, 하늘에서 제게 기회를 준 것인지 제 오랜 친구이자 회사 상사였던 다나카씨로부터 한국에서의 현지법인화를 시작하자고 연락이 왔습니다. 얘기를 들어보니 일본 본사의 사장이 돌연사하게 되면서 다나카씨가 다음 사장으로 취임을 하게 되었다고 합니다. 그리고 한국지점 현지법인화에 대해 다시 논의를 해보고 승인하게 되었다고 했습니다.

짐작이지만, 저는 아마 다나카씨가 어느 정도 도움을 주었으리라 생각합니다. 다나카씨는 저의 일본 첫 방문 때 통역을 도왔고, 오랫동안 같이 일해 왔기에 서로의 말투나 표정만 봐도 무슨 심정인지 알 수 있는 사이입니다. 그리고 원하는 대로 사업할 수 없는 제 착잡한 마음을 읽은 것인지, 또 제가 그만두면 회사에 얼마나 큰 손해인지 얘기를 했었을 것 같았습니다.

현지법인 지분의 일부를 제가 투자하는 방식으로 지금의 인슐레이션 코리아가 탄생하게 되었습니다. 끊이지 않는 노력 그리고 오랜 기간의 신뢰를 쌓은 많은 분들의 도움으로 계속해서 꿈을 이뤄나가고 있습니다.

앞으로 해결해야 할
가족문제

약 34년간 이 분야에서 일을 해왔습니다. 그 긴 시간 동안 제게 일어난 실패는 많았지만 지금부터 할 얘기가 제게 가장 아픈 얘기입니다. 공감하시는 분들이 있을지도 모르겠습니다. 오랫동안 회사를 이끌다 보니 자연스레 회사가 인생의 중심이 되었습니다. 그 반작용으로 가족이 인생의 중심에서 멀어지게 되었죠. 바빠 일하다 보니 가족과 만날 시간도 없었고 떨어져 살 때도 있었습니다. 그리고 이 수많은 실패가 쌓여 지금 가족과 너무 멀어지게 되었고 결국 인생에서 실패한 사람이 아닌가 하는 질문을 스스로에게 하고 있습니다.

다른 사람들은 모두 가족들과 오순도순 행복하게 사는데, 저는 그 행복을 느껴본지가 너무 오래 되었습니다. 가족과의 행복을 느낄 수 없는 사람이 인생에서 실패한 것이 아니면 무엇일까요?

두 아들이 각 7살, 5살이 되었을 때 캐나다로 아이들 엄마를 따라 어학연수를 보냈습니다. 이때의 판단으로 지금까지 가족들과 떨어져 사는 기러기 아빠 신세입니다. 큰 아들이 지금 서른을 넘었으니, 무려 23년이라는 소중한 세월을 바보같이 살아온 것입니다. 가끔 우스갯소리로 제 자신을 일반 기러기가 아니라 왕 기러기라고 하곤 합니다.

당연히 돌이킬 수 없지만, 아이들을 해외로 보낸 그 시절로 돌아간다면 어떻게든 저도 같이 하거나 함께 있는 길을 택했을 것 같습니다. 처음에는 물론 이렇게까지 오랫동안 떨어져 있을 것이라고 생각하지 못했습니다. 남들처럼 어린 시절 잠깐 어학연수를 보내는 것이었죠. 하지만 어학연수가 곧 진학 문제가 되고, 진학 문제가 진로 문제로 더욱 커지면서 떨어져 있는 시간이 더욱 길어지게 되었습니다. 조금만 더, 조금만 더 하면서 말입니다.

가족이란 서로 마주보고 밥을 먹고, 살도 부딪치면서, 아웅다웅 살아야 하는 것인데, 떨어져 살다 보니 당연히 가족 간의 사랑도 갈수록 식어갔습니다. 대화가 없는 무늬만 가족이 되어 버려 안타깝습니다.

누구라도, 기러기 생활을 계획하고 있거나 각오하고 있다면 당장 그만두라고 조언하고 싶습니다.

가족이란 늘 붙어서 지지고 볶으면서 살아야 합니다. 그소중함은 한번 놓치고 쉽게 되찾을 수 없습니다. 가족은 인생에서 무엇보다 소중한 것입니다. 저 역시도 그것을 알기때문에 다시 가족과의 끈끈함을 만들려고 노력하고 있습니다. 이미 멀어져버린 사이지만 복구할 수 있을지 모르겠지만 제 인생의 최우선 과제로 도전하고 있습니다.

저는 요즘 두 아들에게 제 마음을 담아 일주일에 한 통씩편지를 보내고 있습니다. 편지로 제 마음을 다 전할 수 있을지는 모르겠지만 최선을 다하는 것만이 유일한 방법이라는생각으로 노력하고 있습니다. 설령 아이들이 바빠서 못 읽거나 흘려버릴지라도 기도하는 마음으로 매번 편지를 적고있습니다.

한동안은 코로나로 인해 직접 찾아가기도 어려웠지만 이제 3개월에 한번은 1박 2일이라도 같이 보낼 계획입니다.

수십 년간 비즈니스를 해오면서 온갖 문제들을 마주쳤습니다. 다행히도 비즈니스에는 그동안 사람들이 시도해온 수많은 해결법이 있어서 저도 해결할 수 있을 때까지 그 방법들을 시도했습니다. 하지만 사람과 사람, 특히 가족 간의 문제를 해결하는 것은 정말 섬세하고 어려운 일입니다. 정답을 알고 있는 사람도 얼마 없을뿐더러 정답을 알아도 그것을 행할 수 있는 사람은 더욱 없습니다. 마찬가지로 저도 이런 제 노력이 어떤 모양을 만들지 모르지만, 언젠가 기쁘게 얘기할 수 있는 기회가 오리라 믿습니다.

승진, 파격, 이직…
익숙해질만 하면 오는 위기

이동용

1988~2015년   삼성전자
     – 말레이시아 판매 법인장(상무)
     – 동남아/대양주/중아 영업, 마케팅 총괄(상무)
     – 동남아 본사(싱가포르) RPM
     – 인도네시아 판매 주재원

2015~2021년   젠하이저 코리아 초대 한국 지점장/법인장

2022년~현재   전경련중소기업협력센터 경영 자문위원

좋은 선배란
어떤 선배일까

대학을 졸업하고, 한 직장에서 27년간 근무하면서 회사 일을 통해 참으로 많은 것들을 배웠습니다. 젊은 날을 추억하는 중이라 그런지, 아니면 이미 꼰대(?)라 그런지, 그 시절을 생각하면 학창시절 책에서 배우지 못한 새로운 것들을 배우는 재미와 성취감에 매일이 새롭고 즐거웠습니다. 새벽에 출근하고, 밤 하늘의 별을 벗 삼아 퇴근하면서도 힘든 줄을 몰랐고, 오히려 내일 또 다른 도전이라는 희망과 기대로 짧은 잠을 청하던 날들이 많았습니다. 과연 내가 힘들었던 적이 있나 싶을 정도였는데, 다시 돌이켜 보니 자리가 바뀔때마다 느낀 압박, 그 자리를 놓고 가면서 생각하게 되는 후회가 저를 힘들게 했더군요.

해외 여행이 자유로운 요즘 분들이 어떻게 생각하는지 모르겠지만, 예전에는 '해외 주재원'에 대한 선망 같은 게 있었습니다. 정말 열심히 살던 어느 날, 저도 꿈에 그리던 해외 주재원으로 발령받고, 인생에 날개를 달게 되었다며 기뻐했습니다. 인도네시아로 발령받아, 부임하는 비행기에서 설레는 마음으로 미래를 설계하던 일, 현지인과의 원활

한 소통을 위해 주경야독하며 인도네시아어를 공부하고, 대화를 시작하던 첫 날, 매주 지방 시장 방문과 거래선 미팅을 위해 전국을 다니면서 거래선과 신뢰를 구축하던 일, 인도네시아 주재 생활의 목표였던 "시장 점유율 1위"를 달성하던 일 등이 기억나네요.

인도네시아의 성공을 주변국가에도 확산하라는 본사의 또다른 임무를 수행하기 위해, 싱가포르에 있는 동남아 총괄로 자리를 옮겨 관할 8개국에 '판매 1등화 전략'을 수립하고, 또 달성했던 일들이 어제 일처럼 생생합니다. 이 시기가 제게는 직장인으로서 가장 왕성하게 활약한 시기였습니다.

본사로 복귀한 후에는 임원으로 승진도 했습니다. 누구나가 다 임원이 되는 것이 아니기에 얼마나 좋았겠습니까? 지난 7년간 해외에서 열심히 뛰었던 시간들과 많은 선후배들에게 감사하는 계기도 되었습니다. 상무로 진급하고, 같이 일하는 후배들에게 "부끄럽지 않은 선배로 남자!"라고 스스로에게 다짐하고, 가능한 한 후배 직원들의 의견을 들어주고 격려해주겠다는 의지를 다지기도 했습니다. (솔직히 잘했는지는 스스로 평가하고 싶지 않습니다. 같이 일하는 직원들이 그렇게 느꼈어야 하는 거니까요.)

그때 제가 하고 싶었던 일은, 힘들어하는 직원들과 대화하면서 상사로서 선배로서 향후 진로에 대해 가이드 해 주는 멘토 역할이었습니다. 임원이라고 군림하는 모습보다는 당시 유행처럼 나타난 '서번트 리더십Servant Leadership'을 발휘해보고 싶었습니다. 출중한 능력을 갖고 있는 직원이나 조용하게 자기 일을 묵묵히 수행하는 직원들을 '한 팀'으로 만드는 일은 생각보다 쉽지 않았습니다. 하지만 스스로는 보람을 많이 느꼈습니다. 치열한 경쟁이 존재하는 회사라는 조직에서 제가 너무 순진한 방법으로 접근했는지는 몰라도 그렇게 하는 것이 제 마음이 편했습니다. 힘들고 어려운 이에게 다가가 손을 내밀어 주고, 다시 한번 기회를 주면 그는 반드시 전보다 더 열심히 열정적으로 일을 하는 모습을 많이 보아왔기 때문입니다.

여담이긴 한데, 이런 제 행동은 아마 학창시절 읽었던 '수호지'의 영향이었을 겁니다. 그 소설의 주인공인 송강은 적장이라도 품어 안으며 진영을 갖추어 나갔고, 108명의 호걸과 함께 하게 됩니다. 제게는 큰 감명이었고, 조직 운영에 대한 철학으로 남았습니다.

그렇게 성과도 이루고, 승진도 하고, 저를 따르는 직원들과 함께 하며, 승승장구하는 줄 알았습니다. 자리가 바뀌고 승진을 하면서 적응하는 과정에서도 이러저러한 일들이 많았습니다만, 위기라고 까지 하기에는 작은 일들이었습니다. 진짜 위기는 해외 법인장을 하게 되면서 찾아왔습니다.

진짜 위기를
만나는 시기

사실 직원으로 일하다가 임원이 되고 나면 사장 욕심이 나지 않겠습니까? 진짜 대표이사는 아니지만 해외 법인장도 그 나라에서는 사장 역할을 하기에, 어쩌면 법인장 자리는 사장이 되자는 개인적인 꿈을 작게나마 이루는 자리라서, 신나기도 하고 의욕에 가득 차서 부임을 했습니다.

게다가 전임자 선배들이 잘 해줘서였는지 최근 몇 년간 매출이 급상승하던 나라였습니다. 이 성장세를 지속할 방법을 찾는 것이 저의 첫 번째 임무였습니다. 그런데 웬걸요. 막상 와서 보니 급성장에 따른 부작용으로 여기저기 빈 구석들이 보이기 시작했습니다. 견고한 성을 쌓으려면 기초가 튼튼해야 하는데, 성장에 초점이 맞추어져 있다 보니 미처 탄탄한 기초를 만들 시간조차 없었나 하는 생각이 들었습니다. "이 법인을 지속 성장 가능한 조직으로 만들어야겠다"라는 마음을 먹고 계획을 세우기 시작했습니다. 사실 불안한 마음은 내심 있었습니다. 판매 법인이라는 특성상 매출이 우선일 수도 있는데, 두 마리 토끼를 다 잡을 수 있을까 싶었죠. 아니나 다를까 불길한 예감은 틀리지 않았습니다.

2보 전진을 위한 1보 후퇴라도 해야 하지 않을까, 이 절박함은 법인장인 저만 느끼는 감정이었고, 본사로부터 매일, 매주, 매월, 매분기마다 쏟아지는 실적 압박은 엄청났습니다. 당시 제 직속상사였던 지역 총괄은 매주 토요일마다 법인장들과 화상 회의로 판매 실적을 챙기고 있었습니다. 단언컨대 모든 법인장들이 그 시간을 제일 싫어했습니다. 시장 상황이나 경쟁 관계 등 주변 환경도 힘든 시기였습니다. 몇 조 원씩 판매하는 회사가 어떻게 하루아침에 실적 개선이 되겠습니까? 하지만 본사는 그런 상황들을 용납하지 않았고, 무섭게 실적 달성만 드라이브할 때였습니다. (그때의 이야기입니다. 지금은 아닐 겁니다.) 명품으로, 오래 남는 브랜드로 삼성을 키워가려는 장기적인 생각보다는 단기실적에만 급급했던 일부 경영진의 모습이었겠지요.

그래도 불행 중 다행이었을까요? 10가지 이상의 판매 품목 중, 대부분이 전년 대비 성장하고 있었고, 부임 초기 실시한 구조조정의 효과들도 서서히 나타났습니다. 하지만 대형 도매상들에 의존해야 하는 핸드폰 사업만은 유통 재고 과다, 보급률 포화, 중국 업체들의 가격 공세 등으로 부진을 면치 못했습니다. 시장 규모가 작은 나라에서는 상황에 따라 매출이 휘둘리지만, 핸드폰 사업부 수장들과 지역 총괄은 전임자 성과대비 부진하다며, TV 사업부 출신 법인장인 저에게 불만을 갖기 시작했다는 이야기가 들려왔습니다. 큰 위기의 순간이 오고 있음을 직감했습니다.

하지만 위기는 곧 기회라는 생각으로, 핸드폰 판매팀과 매일 머리를 맞대고 대책을 궁리했고, 시장에 직접 나가 조사했습니다. 그럼에도 불구하고 판매가 획기적으로 늘지는 않았습니다. 이쯤 되자, 지역 총괄의 압박은 더 심해졌습니다. 일 년에 세 번 정도 방문하는 것이 보통인데, 매월 찾아와 실적 개선을 요구했습니다. 밤이나 주말에 전화하는 것은 예사였습니다. "집요하다. 집요해. 그래서 그 자리까지 올라갔나?" 이 말이 절로 나왔습니다. 아내에게도 많이 미안했습니다. 남편으로서 그동안 보여주지 않았던 모습들이었습니다.

연간 2조 원의 매출을 하던 회사의 방향을 돌리는 데에는 그만한 노력과 시간이 필요할 거라고 스스로를 위안하며 몇 달을 더 버텼습니다. 그러던 중 지역 총괄이 제게 핸드폰 판매 담당 주재원을 조기 귀국시키고, 다른 주재원을 받아 분위기를 쇄신하자고 제안해왔습니다. 그렇지 않으면 법인장인 제가 다칠 수도 있다는 협박성 발언도 있었습니다. 주재원이 중도 귀임하면 본사에서 어떤 대우를 받을지, 본인은 또 얼마나 회사 생활이 힘들지를 잘 알고 있는 저로서는 고민이 되는 주문이었습니다. 게다가 주재원을 바꾼다고 시장이 바뀌겠습니까? 며칠간 잠 못 드는 날이 계속됐습니다.

고민 끝에 지역 총괄에게 현재 핸드폰 주재원에게 한 번 더 기회를 주는 것이 법인장으로서의 결론이라고 말했습니다. '지금 주재원을 바꾼다면 새로 오는 주재원이 시장 파악하고, 유통을 파악하는데 6개월에서 1년이라는 시간이 또 흘러갈 것이다. 그러다가는 중국 브랜드에게 시장을 내주게 될지도 모른다'는 것이 제 판단이었습니다.

사실 제가 틀렸을 수도 있습니다. 어쩌면, 핸드폰 사업을 잘 몰라서 현 주재원에게 의지하면서 배우고 싶었는지도 모릅니다. 너무 궁지에 몰려서 그랬을 수도 있고, 사태를 너무 안일하게 생각했을 수도 있습니다. 아무튼 지역 총괄과는 반대 의견을 내게 되었지만 조직에서 상사와 다른 의견을 낸다는 것이 무슨 뜻인지조차 생각할 여유가 없었습니다. 지역 총괄 정도는 진정한 상사가 아니라는 생각도 했었던 것 같습니다. 저는 본사 사장님 정도를 진짜 상사로 여겼던 거죠.

사람은 또 자기를 합리화 한다고 하지 않습니까? 저 또한 제 판단을 스스로 합리화하기 위해, 당시 제 의견이 '사업을 위해서나 주재원 개인을 위해서나 최적의 판단'이라고 생각했습니다. 나 자신만을 위한 생각은 하지 않았다는 위안도 있었습니다. 핸드폰 주재원을 교체하지 않으면 법인장을 바꿀 수도 있다는 말을 단순한 압박 정도라고 여긴 것도 문제였죠. 직속 상사의 말을 참으로 우습게 여겼습니다. 그 결과가 얼마나 비참한지, 하늘이 무너지는 경험을 혹독하게 치르고 나서야 깨달았습니다.

조직에는 상하 위계질서가 있는데, 잠시 만난 지역 총괄이라며 진정한 상사로 받아들이지 않고, 임원이자 법인장으로 제가 책임지며 법인을 운영하면 된다고 생각했습니다. 조직 생활이 잘 안 맞는 체질이었을까요? 아니면 마음으로 인정하는 상사만을 진정한 상사로 여기는 성격이었을까요?

"남을 먼저 배려하고 보호하면 그 남이 결국 내가 될 수 있다. 서로를 지켜주고 함께 협력하는 것은 내 몸속의 유전자를 지키는 가장 좋은 방법이다." 약육강식에서 이긴 유전자만이 살아남는 것이 아니라 상부상조를 한 '종'이 더 우수한 형태로 살아남는다는 리처드 도킨스의 주장을 너무 믿었던 걸까요? 이기심보다는 이타심, 내가 잘살기 위해서라도 남을 도와주어야 모두가 잘살 수 있다. 그때는 그렇게 믿었고, 어리석게도 지금까지 그런 믿음을 가지고 있습니다. 이것이 제 삶에 대한 철학일지도 모르죠. 그 주재원은 지금 어엿하게 상무 진급도 하여 어느 국가의 법인장을 하고 있다고 합니다.

그해 12월 저는 법인장을 그만두고, 본사로 귀임발령을 받았습니다. 현지에서 사귀었던 많은 대기업 오너들(B2B를 하면서 직접 만나 관계를 형성했던 분들)은 회사의 결정이 이상하다고 이구동성으로 이야기했지만, 따라야만 하는 조직원이기에 좋은 말로 그들에게 작별 인사를 했습니다.

그러면서 느꼈습니다. 현지 비즈니스 파트너들은 대부분 오너들이기에 1~2년 사이로 뜨내기처럼 왔다가 가는 한국 법인장과 장기적인 비즈니스 관계를 맺기가 어렵다는 것을요. 후임자에게 인계해주면 될 것 아니냐고 물으시는 분들도 많은데, 회사에서는 후임자가 오면 전임자는 얼른 짐싸서 자리 비워주고 떠나라고 합니다. 저도 전임자에게 받은 게 없었습니다. 여기서 발생하는 기회비용이 엄청납니다. 수년간 쌓아 놓은 비즈니스 관계가 하루아침에 없어지는 거니까요. 신임 법인장이 오면 또 새로 구축하고, 떠나면 없어지고, 또 쌓고…. 당시 현지인들이 볼 때 삼성은 참 이상한 회사였을 겁니다.

삼성전자는 직원만 30만 명, 임원은 1천 명에 달하는 거대 조직입니다. 매년 12월이 되면 그 거대조직의 장들이 보직을 변경합니다. 그런 잦은 변화가 조직에 긴장감을 주는 긍정적인 면도 있으나, 그에 따른 부작용도 적지 않다고 생각합니다. 직원들의 만족도가 높은 회사가 성과도 좋고, 고객들로부터 사랑받는다고 강조하면서, 실상은 전혀 다른 인사 정책을 가지고 있는 것입니다.

게다가 임원의 잦은 자리 변동에 따른 비용은 천문학적입니다. 또한 단기 성과를 중시하는 업적주의에는 묘약일지 몰라도, 해외 현지인들이 느끼는 '기업의 영속성'에는 크게 의문이 가는 인사제도입니다. 당장의 실적이야 좋을지 모르지만, 열매만 따기에 급급해 앞으로의 100년을 위한 장기적인 투자를 놓치는 한계가 있습니다. 현지 유통사들과도 50년, 100년을 같이 갈 수 있는 견고한 파트너십이 구축되어야 하건만, 아쉬웠습니다.

갑작스런 귀임과 자문역 발령. 많이 힘들었습니다. 27년을 하루같이 100미터 달리기하듯 살았는데, 회사가 더는 근무하지 않아도 된다고 합니다. 평생직장 개념을 가지고 있던 제 세대들에게는 퇴사가 쉽게 받아들이기 어려운 일입니다. 초등학교 입학 이후로, 조직으로부터 배제당한 최초의 일을 겪게 된 겁니다. 준비도 안 된 상태에서 뒤통수를 크게 얻어맞고 혼수상태로 응급실에 누워 있는 기분이라고나 할까요?

지역 총괄에게서 전화로 귀임통보를 받은 날도 기억납니다. 집에 돌아와 아내에게 이야기하니, "그동안 수고했어,

여기까지면 족해요"라며 위로해주는데, 얼마나 고맙던지요. 급하게 이삿짐을 싸서 한국으로 부쳤습니다. 이삿짐이 한국으로 오는 데만 한 달이 걸렸고, 텅빈 집에 가기도 뭐해서 아내와 미국으로 여행을 떠났습니다. 오라는 사람도 없었습니다만, 어딘가의 끝없는 고속도로를 달려보고 싶었습니다. 억울한 마음을 그렇게라도 달래고 싶었습니다.

스스로 그만 둔 것도 아니고, 일명 짤리게 되면 마음속이 복잡해집니다. 이 고통을 스스로 견디고, 감내해야 한다는 생각에 싫기도 하지만, 홀가분한 느낌이 들기도 합니다. '앞으로 무엇을 해야 하나?' '무엇을 할 수 있을까?' '그때 총괄의 제안대로 핸드폰 주재원을 교체했어야 했나?' '왜 그렇게 하지 않았을까?' 저 역시도 별의별 생각이 가득했습니다.

캘리포니아 해안 도로를 달리며 이 길 끝에 누군가가 나에게 구원의 손길을 내밀지 않을까 하는 엉뚱한 상상을 하기도 했습니다. 그러다 어느 벼랑 끝에 서게 되었습니다. 바다가 보였습니다. 동해와 같은 태평양일 뿐인데, 뭔가 달랐습니다. 마치 현재의 나처럼 길은 끊어져 있었고, 그 앞에는 이전과는 다른 뻥 뚫린 바다가 있었습니다. 그리고 제 마음도 풀렸습니다.

직장 생활을
마무리하다

27년의 직장 생활을 그렇게 마무리하고, 한국에 돌아와 독일계 오디오 전문회사에서 한국지사장을 찾고 있다는 소식을 듣고 지원했습니다. 지원 동기는 단순했습니다. 제가 10년 동안 사용하던 이어폰 제조회사였습니다. 다른 이어폰들과 차원이 다른 제품이었고, 그래서 출장 때도 꼭 챙겨 다니던 제품이라 자신 있게 팔 수 있다는 마음이었습니다. 몇 달간의 인터뷰를 거치고, 70년이 넘는 역사와 세계 최고의 음향 기술을 가진 명품 오디오 회사 '젠하이저'로 출근했습니다.

전 직장과 비슷한 전자 회사겠거니 하고 생각했는데, 점차 다름을 느끼기 시작했습니다. 이곳은 단기적인 투자나 실적에는 크게 개의치 않았습니다. 장기적으로 회사를 운영하는 데에 중점을 두고, 신모델 하나를 만드는데도 몇 년씩 걸쳐서 만들고, 수작업으로 제품을 하나하나 조립하는, '장인 정신으로 명품을 만드는 곳'이었죠. 세계 곳곳의 거래선들도 대부분 수십 년째 거래하는 오래된 비즈니스 파트너였습니다. 매년 초에 열리는 전략회의에는 이들을 초대해 같이 회의를 하고, 전략을 공유하고, 성과를 나눕니다. 모두 한 식구 같은 오랜 친분을 볼 수 있었습니다.

회사 문화 또한 수평적이었습니다. 동료들이나 상사들과도 편하고 자유롭게 이야기를 한다는 것은 이전 직장에서는 느껴보지 못한 분명히 다른 차원의 소통이었습니다. 이러한 대화가 가능하니, 시장이나 상황 공유에 있어서도 금방 공감대를 형성할 수 있었습니다. 부하 직원들에 대한 평가나 향후 진로, 성장 계획 등도 상사와 협의하다 보니, 단기실적 부진으로 해고하는 일도 없었습니다. 오히려 올해 실적이 부진하면, 내년에 어떻게 늘려 나갈까에 대해 진지하게 같이 고민하고, 방향을 잡아 나갔습니다. 삼성전자와는 분명히 다른 접근방법이었고, 장기적으로도 직원의 성장을 도와 회사 발전으로 이어지게 하는 문화였습니다.

실적을 논의하는 방법도, 걸리는 시간도 달랐습니다. 젠하이저에서는 거의 반나절을 상사와 대화하면서 면담을 합니다. 서로를 충분히 이해해주고, 향후 성장 발전해야 하는 부분까지 세세하게 이야기하고, 가이드를 주고, 그것을 내년에 다시 리뷰하는 식이었습니다. 이런 평가 기간이 전사적으로 무려 두 달 동안 진행됩니다. 평가를 위해 상사가 한국으로 출장을 올 때도 자신의 일정대로 오는 것이 아니라, 한국 지사 상황을 감안해 일정을 조율합니다. 심지어 회사

CEO(오너)가 출장 올 때도 마찬가지입니다. 정말 수평적입니다.

어떻게 보면 비효율적일 수도 있습니다. 그러나 시간이 아무리 걸려도 직원 개개인에게 맞춤형 평가와 계획을 세우도록 하는 젠하이저의 방식이 맞는 기업들도 많이 있을거라 생각합니다.

구성원의 제안이 합리적이라면 회사의 정책이 바뀌기도 합니다. 한국에서의 매출 목표는 당연히 원화로 잡게 됩니다. 하지만 본사에서 볼 때는 환율을 고려한 달러로 판단하게 됩니다. 아니 환율 변동을 지사장이 조정할 수는 없잖습니까? 자기가 맡은 나라에서 몇 개나 더 파느냐로 평가를 해줘야지 달러 매출로 평가하면 어떡하느냐는 제 의견을 본사가 받아들여 줬습니다. 한국 지사 직원들의 만족도는 당연히 엄청나게 올라갔죠. 달러 금액과 상관없이, 원화로 목표를 달성하면 두둑한 보너스를 받았으니 말입니다. 솔직히 삼성전자에서는 그렇게 하지 못했습니다. 현지화로 아무리 성장해도 미국 달러로 환산했을 때, 전년 대비 실적 금액이 낮으면 현지법인의 책임이었습니다. 그로 인한 피해가 고스란히 현지법인 직원들에게 영향을 끼쳤으니 얼마나 억울했겠습니까? 물론 지금도 그렇게 하지는 않겠지만요.

그렇게 6년이란 시간을 젠하이저 한국지사장으로 근무했습니다. 지점을 지사로 바꾸면서 필수 기능들(회계, 인사, 마케팅, 물류, 서비스, 총무 등등)을 하나하나 만들었던 일, 직원들의 잠재력을 찾아 격려하고, 그들의 놀라운 성장을 지켜본 일, 내 상사와 이런 성공사례를 공유하는 일들이 즐거웠습니다. 한국 지사 직원들 한 명 한 명을 직접 만나 채용하고, 그들에게 오랫동안 일할 수 있는 훌륭한 업무 공간을 만들어 주었다는 것도 큰 기쁨이자 보람이었습니다.

삼성에서는 해보지 못한 일들을 나름대로 실천하면서, 경영이란 이런 것이구나 느꼈습니다.

그러나 행복은 늘 우리 곁에 오래 머무는 것은 아닌 존재인가 봅니다. 젠하이저는 비상장 회사로, 가족 기업이라고 불리는 구조였습니다. 즉, 중요한 의사결정은 가족 회의에서 결정하고, 이사회 통과를 시키는 방식입니다. 오너 가족들이 회사를 반으로 쪼개서 매각하기로 결정했고, 그에 따라 전 세계 지사장들이 모두 회사를 떠나게 되었습니다. 코로나로 힘들었던 2020년에도 전 세계 지사들 중에서 유일하게 전년대비 매출이 성장한 한국 지사장이었지만, 본사의 결정을 따라야 했습니다. 아쉬움을 뒤로 한 채 저는 자리를 물러났습니다.

다행히 이번에는 다시 캘리포니아 해안 도로를 운전하러 가지 않아도 될 만큼, 회사에서 충분한 시간을 주었습니다. 떠나기 전에 회사에서 필요한 일들을 차근차근 부탁했고, 저도 기꺼이 그 요청에 응했습니다.

쫓기듯 떠나야했던 삼성전자와의 상황과는 달랐습니다. 떠나는 이가 마음의 준비를 충분히 하도록 배려해주었고, 제 상사와 회사 오너가 직접 전화해서 "코로나로 한국에 가서 이야기를 못하고 전화만 해서 정말 미안하다"는 말과 함께, "코로나가 끝나 한국에 갔을 때 꼭 저녁을 같이 하자"라고 훗날을 기약하기도 했습니다.

또한, 제 다음 여정에 대해서 걱정해주었습니다. 비록 인사치레라고 생각할 수도 있으나, 그동안 겪었던 그들의 태도나 품성으로 봐서 결코 빈말이 아님을 전 알 수 있었습니다. 그들은 진심으로 미안해했고, 전 그것을 느낄 수 있었습니다. 오랜 신뢰와 상호 존중에서 나오는 예의있는 이별이었습니다. 그렇게 저는 인생의 2막을 멋지게 마무리할 수 있었고, 후회도 없습니다.

이제 3막을 위해 저는 또 어디로 가볼 수 있을까요?

아직은
힘들고 싶지 않습니다

이승현

1986~2006년	삼성전자
2008년~현재	인팩코리아 대표이사
2012~2015년	JAE 코리아 대표이사
2017~2020년	한국외국기업협회 회장
2021년~현재	한국무역협회 부회장

헤쳐 나가며,
도달한 길

어룡도라고 들어보셨습니까? 저는 1958년, 명량대전이 있었던 진도, 해남 앞바다의 조그만 섬 어룡도에서 태어났습니다. 동네 탓이었을까요? 어렸을 때부터 거북선 같은 멋진 배를 만들고 싶었습니다. 선박 기술자가 되겠다는 확실한 목표를 가지고 공업고등학교에 진학했고, 현대그룹 고정주영 회장이 초대 이사장이셨던 울산과학대학 기계공학과를 졸업했죠. 그렇게 학업을 마치고 간 곳은 당연히 현대중공업이었습니다. 그곳 설계팀에서 생산설계를 하다가, 대한조선공사 옥포조선소(대우조선)로 이직해, 생산관리, 그중에서도 선박 건조 공정을 관리하는 업무를 맡았습니다. 제나름대로는 어릴 적 꿈을 향해 가는 과정이었습니다. 그러는 사이에 해양플랜트 프로젝트 때문에 미국에도 가보고, 컴퓨터를 활용하기도 했습니다. 지금이야 너무도 당연한 일들이지만 80년대 초중반에는 말 그대로 한국 최초의 일들이었습니다.

일은 좀 잘했던지라 삼성조선소로 일명 스카우트 되어 이직했는데, 이때 제 인생의 변곡점을 맞았습니다. 조선 산업에 불황이 오고 삼성이 반도체통신에 집중하면서 제가 엉뚱하게 삼성전자로 옮겨가게 된 겁니다. 당시에는 반도체 전공은 물론 전자공학이라는 개념도 희박할 때였으니 기계공학을 공부하고 생산관리 전문가였던 제가 그리 가는 게 이상한 일도 아니었고, 겁이 없어 그런지 '해보지 뭐!'라는 생각에 자신 있게 도전했습니다.

1992년부터 10년간 삼성전자 일본 주재원으로 근무했습니다. 뒤에 더 자세히 말씀드리겠습니다만, 좌충우돌하면서 꽤 잘했나 봅니다. 2001년 5월 귀국하면서는 브라운관 TV 시대가 끝나고 LCD TV 시대가 온다는 확신을 가지고 LCD TV PM^{Project Manager, 소사업 부장} 그룹을 만들어 초대 그룹장으로 일했습니다. 회사의 전폭적인 지원과 지지 덕분에, 다들 아시다시피 LCD TV 사업은 매우 성공적이었습니다.

그리고는 또 한 번의 도전에 나섰습니다. 20년 넘게 직장 생활을 했으니 내 사업을 해보자는 생각에 겁도 없이 창업의 길로 나선 겁니다. 2006년 삼성에서 퇴사하고, 인팩코리아라는 회사를 만들어 현재까지 스마트폰, 디지털 TV, 자동차 등의 핵심부품인 수동소자류와 GPS 안테나를 제조해 삼성전자와 LG 등에 공급하고 있습니다.

제가 일하면서 배운 것들을 공유하고 조금이나마 나라에 도움이 됐으면 하는 마음에, 서울시 외국인투자 자문회의

위원, 한국외국기업협회 회장, 한국무역협회 부회장 등을 맡아 기업 투자 환경 개선을 위해 노력하고 있습니다.

물론 이런 일들 사이에 힘든 일이 없었다면 거짓말이겠죠. 하지만 힘들어서 지친다기보다 헤쳐 나갈 일이고, 헤쳐 나가면 된다는 생각에 또 뭔가를 하고 있습니다. 어찌 보면 제 자랑만 늘어놓는 거겠지만, 제가 했던 일들을 적어볼까 합니다. 이직? 해도 됩니다. 아예 업종을 바꿔도 됩니다. 세상이 빠르게 변한다고 하는데, 그럴수록 기회도 있지 않을까요? 창업은 또 왜 못하겠습니까? 저기 남도의 이름 없는 섬사람도 한 일입니다. 제 이야기가 여러분께 긍정의 에너지로 작용했으면 합니다.

어려서부터 느낀
인생의 책임감

사실 저는 일찍부터 제 인생에 책임을 져야 했습니다. 어린 시절 존경하고 의지하던 할아버지와 아버지가 일찍 돌아가셨거든요. 인생에 조언을 해 주실 어른들이 안 계시니 어떡합니까, 방황도 좀 하고 헤매기도 하면서 가야죠. 그래도 어릴 적 배를 만들겠다는 꿈이 있어서 시작이 어렵지는 않았습니다. 조선소에 들어가자. 배 만들어야지!

그렇게 조선소에 입사해서 이런저런 일을 하다 미국을 가게 됐습니다(해외여행을 가려면 온갖 조사를 받아야 하던 때였습니다. 귀한 기회였죠). 해양플랜트 건조에 관한 계획서 작성과 승인을 받기 위해 3개월간 샌프란시스코에 머물렀습니다. 세계 최대의 건설회사이자 엔지니어링 회사인 벡텔과 함께 일했습니다.

지금이야 한국 기업의 실력이 늘어서 단독으로도 많이들 일하지만, 당시만 하더라도 외국기업의 기술지도와 감독을 받으며 한국 기업이 일하는 경우가 많았죠.

말로만 듣던 선진국에 온 겁니다. 도시 생김새부터가 달랐습니다. 사무환경도 그렇고요. 기술력의 차이도 실감했습니다. 해양산업과 건설산업을 다시 한번 조망해볼 기회였으며 기술뿐만이 아니라 경제적 측면을 고려한다는 게 뭔지 배울 수 있었습니다.

자, 해양플랜트를 만듭니다. 배도 아닙니다. 바다 밑에 잠긴 부분까지 감안하면, 63빌딩보다 높은 건물을 만들어서 땅도 아니고 바다 위에 세우는 일입니다. 게다가 빨리 만들어야 합니다. 얼마나 많은 사람이 붙어서 어떤 식으로 일을 해야 할까를 계산해봐야 합니다. 구조물을 어떤 방식으로 구분하고, 각각을 어디서 만들고, 조립하는 일정은 언제가 되어야 할지 따져야 할 게 한둘이 아닙니다. 그 수많은 사람을 어떻게 팀으로 나누고, 이들을 어떤 순서로 일하게 할지, 언제 쉬고 며칠을 일할지, 일일이 표를 그려야 합니다. 정말로 '그려야' 합니다. 벡텔도 그걸 손으로 그리던 때였습니다. 수만 장의 공정표가 만들어지는 일이죠.

요즘 분들이 들으시면 당황하실 것 같은데, 이때까지도 컴퓨터라는 것은 연구소에나 있는, 대기업도 가지기 힘든 물건이었습니다. 저는 컴퓨터로 생산관리 시스템을 만들면 어떨까 하는 생각에 벡텔에 제안했고, 같이 작업할 기회를 얻었습니다. 당연히 대우조선도 컴퓨터를 도입했죠. 물론 제가 세계 최초로 컴퓨터를 이용해 생산관리 프로그램을 짠 사람은 아닐 겁니다. 하지만 그 시기 기술발전에 약간은 이바지한 게 아닐까 하는 생각은 가끔 해봅니다. 하하.

당시 경험은 배를 만들기만 하면 되는 줄 알았던 제게, 일정, 시간, 비용, 사람에 대해 고민해볼 기회를 주었습니다. 또한 상황판단과 의사결정이라는 면에서도 한층 성장하는 계기가 되었습니다.

LCD 종주국에
진입하다

___

삼성조선소로 이직한 지 6개월 만에, 저는 전혀 생각지도 못했던 삼성반도체통신으로 이동하게 됩니다. 반도체산업은 부가가치가 클 뿐 아니라, 미래를 위한 혁신적인 산업이었기에 두말하지 않고 옮겼습니다. 컴퓨터가 세상을 어떻게 바꿀지 기대도 됐고, 그 현장도 눈으로 봤기에 내릴 수 있는 결정이었습니다.

그래도 힘들긴 힘들더군요. 최첨단의 생소한 분야를 공부하는 게 쉽지 않았습니다. 온몸이 힘들고 녹초가 될 정도로 열심히 일했습니다. 단순히 만들기만 하면 되는 일이 아니었기에 기업경영 전반에 관해서도 공부할 수 있었습니다. 지금 생각해 보면 행운이었죠. 프로세스 개선팀장을 맡아 세계 유수 기업의 프로세스를 공부하고, 이러한 기업과의 격차를 줄일 수 있는 계기를 만들 수 있었습니다.

1988년 삼성반도체통신과 삼성전자가 합병하면서 정보통신 부문의 업무를 맡아 경영관리에 대한 매뉴얼을 만들었고, 다시 새로운 부서인 업무개선(감사)팀으로 옮겨갔습니다. 회사 전반에 대해 공부하며 임원들도 알기 어려운 중요한 부분들을 두루 살필 기회였죠. '자랑스러운 삼성인 상'의 전신인 '감사인 상'을 최초로 수상하기도 했습니다.

1992년부터 10년간은 삼성전자 일본 주재원으로 근무했습니다. 제 역할은 당시 '전자電子 종주국'인 일본이 나가는 방향과 현재 상황에 관한 정보와 자료를 조사해 본사로 보내는 것이었습니다. 물론 그 일만 있는 것은 아니었습니다. 삼성자동차 출범에도 관여했는데, 닛산 자동차와 기술제휴가 이루어지며 본사와 닛산자동차 간의 연결고리 역할을 했습니다. 기술도입 계약에 따른 이행상태 관리 등을 담당했죠. 결과적으로 삼성은 자동차산업을 포기했지만, 생산관리 시스템과 생산라인의 전산화 등 여러 업무에 관여하며 당시 삼성자동차의 시작과 끝을 같이했습니다.

1999년에는 신규사업팀장을 맡았습니다. 배타적인 일본 내에서 삼성전자의 브랜드 인지도를 올리고, 저가 제품 이미지를 탈피할 수 있는 대책을 마련해야 했습니다. 어려운 숙제였습니다. 그래서 그때까지 아무도 시도하지 않았던 도전을 했습니다. '전자상거래'로 TV 기능이 내장된 다기능 LCD(액정) 모니터를 판매하고자 계획했습니다. 마침 LCD 모니터로 미국 시장을 석권하고, 전자상거래e-business가 막 시작되던 시기였습니다.

지금이야 너무 당연하게 느껴지시겠지만, 정말 최초였습

니다. 쿠팡, 네이버는커녕 구글, 아마존도 없던 시기입니다. (아마존 재팬이 2000년에 문을 열었습니다) 인터넷도 아직 활성화되지 않았던 시대입니다. 스마트폰은 이제 막 개발 중이었고, 모토로라, 노키아, 도시바 휴대폰이 팔리던 때였습니다. 유통, 타깃, 고객 관리, 서비스, 광고 등 하나하나가 난관이었습니다.

2000년 3월, 처음으로 전자상거래를 통한 삼성전자 다기능 모니터와 LCD 모니터가 일본 전역에서 판매되기 시작했습니다. 전자상거래의 개막은 한국과 일본의 수많은 매체에 보도되었고, 삼성 LCD는 액정의 종주국인 일본에서 새로운 강자로 등극하게 되었습니다.

철저한 사전조사와 마케팅의 최고급화 전략, 24시간 콜센터의 운영, 홈페이지와 전시장 마련 등을 통해 삼성은 LCD 종주국인 일본 시장에 성공적으로 진입할 수 있었고, 이는 미국과 프랑스, 영국, 이탈리아의 대형 유통사에 액정 제품은 일본의 샤프와 한국의 삼성이라는 인식을 심어주었고, 훗날 삼성 LCD가 세계 1등 TV로 나아가는 출발점이 되었습니다.

터널 속에서는
터널 내부만 보인다

일본 주재원 근무를 마치고 2001년 5월 귀국한 저는 한창 디지털TV가 논의되던 당시, 모니터사업부와 텔레비전사업부의 통합을 적극적으로 건의했고, 결국 두 사업부는 통합되었습니다. 그러면서 신설된 LCD PM의 초대그룹장이 된 저는, 액정 TV 신규 사업을 적극적으로 추진했습니다. 당시 디스플레이 기술은 PDP와 LCD로 구분되는데, LCD는 선명한 화질과 저전력이라는 장점이 있었지만, 대형화가 어렵고 잔상이 남는다는 단점이 있었습니다. 기술적으로 30인치 이상의 LCD TV는 어렵다는 의견이 지배적이었습니다만, 저는 포기하지 않았습니다. 오히려 "LCD TV로 세계 1등을 하겠다"라고 장담했습니다.

고화질 LCD 패널을 위한 개발비가 부족하고, 디자인 역시 아직은 뒤떨어지는 데다, 개발 인력도 부족해 사정은 녹록지 않았지만, 마침 이탈리아와 프랑스 등에서 LCD TV의 시장점유율이 높아졌고, 세계 최초로 40인치 LCD TV 개발에 성공하면서, 삼성은 이 분야의 선두로 올라서기 시작했습니다.

솔직히 고집도 많이 부렸습니다. 전사 차원의 마케팅 지원은 물론, LCD TV 일류화 위원회를 만들어 달라고 했으니까요. 정기적 투자 현황과 핵심부품 개발 상황을 직접 점검하면서, 일본을 넘어 미국과 프랑스, 이탈리아, 독일, 영국, 스페인까지 공략할 전략을 세우고 다녔습니다.

개발과 마케팅 분야에서 초기비용도 많이 들었고, 예상치 못한 기술적 문제도 있었지만, 삼성전자의 LCD TV는 결국 세계 1위가 되었습니다. 최고경영층의 미래를 보는 예지력과 시설 및 마케팅 투자에 대한 과감하고 빠른 의사결정, LCD TV의 약점인 대형화를 전면에 내세우면서 고객이 직접 경험할 수 있도록 한 일관된 광고전략, 그리고 이 모든 문제를 기술적으로 해결한 개발책임자의 역할 덕분이었습니다. 돌이켜 생각해도 너무 짜릿한 순간들이었습니다. 함께 할 수 있었던 모든 분께 다시 한 번 감사드립니다.

독일 베를린 가전 및 멀티미디어 박람회IFA는 미국 라스베이거스 소비재 전시회CES, 스페인 바르셀로나 정보통신 전시회MWC와 더불어 세계 3대 IT 전시회로 꼽힙니다. 이 IFA 쇼에 참여하면서 시장을 사로잡았습니다. 그러면서 소니라는 세기의 전자브랜드를 꺾기에 이르렀습니다. 2003년, 저희 팀은 글로벌 마케팅 어워드를 수상했으며, 2004년부터 삼성의 마케팅 주력상품은 LCD TV로 바뀌었습니다.

제가 자주 하는 말 중에 이런 말이 있습니다. "사람이 터널 속에서 지내면 터널 내부만 보인다. 그 환경에 적응하는 쪽으로 진화하고 작동한다. 터널 바깥에 있어야 터널 안과 밖 전체를 볼 수 있다." 저는 내부에서 안정을 추구하기보다 밖에서 바라보는 것을 추구합니다. 없는 것에서 새로운 것을 찾아내고 기어이 성공시키는 것, 제가 가장 중요하게 생각하는 것들입니다.

그래서 저는 또 밖으로 나섰습니다.

2006년, 삼성을 떠나 제 사업을 해보기로 마음먹었습니다. 거북선과 같은 큰 배를 만들겠다던 섬소년이 드디어 제조업 창업을 꿈꾼 거죠. 그렇게 2007년, 대만의 인팩테크놀로지와 합작법인으로 설립된 한국법인 인팩코리아는 스마트폰이나 디지털TV, 자동차 등의 모든 전자제품에 사용되는 수동소자류와 RF안테나를 공급하고 있습니다. 세계 최고의 휴대폰과 디지털TV에 인팩의 부품이 사용되고 있다고 해도 과언이 아닙니다.

마냥 잘 풀린 것 같죠? 사실 삼성을 나올 때만 해도 자신만만했습니다. 10년 안에 1조 원 규모의 기업을 만들겠다는 거창한 목표도 있었습니다. 하지만 상황은 녹록지 않았습니다. 금융위기가 닥쳐와 전 세계 국가와 기업들이 초긴축 경영에 들어간 것입니다. 월급을 가져갈 수가 없었습니다. 아니 정확히는 월급날을 두려워하고 살았습니다. 제품과 관리에는 자신이 있었습니다만, 모두가 움츠러든 상황은 처음이었습니다. 어렵게 그 시기를 버티고 삼성과 LG에 부품을 공급하게 되면서, 매출 신장은 물론 대외신용도와 이미지도 지금은 많이 좋아졌습니다.

지금은 또 우리 사회에 도움이 될 방법은 뭐가 있을까를 고민하며 지내고 있습니다.

저는 아직 진행 중입니다.

이미 나이 들었다고 생각하는
너희들 때문에 힘들다!

이인찬

1989~2004년	㈜삼성전자 해외영업 그룹장
2005~2006년	듀폰 전략마케팅 팀장 상무
2006~2010년	㈜웅진코웨이 해외사업 본부장 전무
2010~2013년	㈜효성 글로벌 영업 총괄 전무
2013~2017년	㈜대한전선 마케팅부문 부문장 부사장
2017~2020년	㈜화승 R&A 글로벌 영업 총괄 & 중국 사업 총괄 사장
2021년~현재	㈜스틱인베스트먼트 Operating Partner

별난
어린이

저는 어릴 적부터 외국에 대해 동경이 컸습니다. 전생에 외국 사람이었나, 역마살이 끼었나 생각할 정도로 다양한 삶을 살아보길 바랐고, 외국어(특히 영어)로 말하는 것을 좋아했고, 밥과 김치 대신 빵과 치즈를 더 좋아했던 별난 한국 사람이었습니다. 매사 호기심이 많았고, 새로운 것을 탐구하는 데 유달리 집착을 많이 하는 편이었고, 하고 싶은 것이 생각나면 꼭 해야만 하는 별난 아이였죠.

반복적인 일상에 금방 싫증을 내고, 늘 새로운 것을 찾아다녔고, 항상 남보다 앞서서 먼저 해야만 하는 도전 의식과 승부욕이 강했지만, 한편으로 착하고 조용하고 말썽을 피우지 않는 모범생이었습니다. 이런 별남과 다름은 학교, 사회, 직장 생활에서도 그대로 나타났습니다.

무엇을 하든 처음엔 호기심을 가지고 아주 열심히 하지만 끈기와 인내가 부족했던 것도 사실이지만, 일단 뭐든지 시작하면 항상 눈에 띌 만큼 잘했고, 남들보다 아이디어도 풍부하고 좋은 평가를 받았던, 부러움과 시기의 대상이었던 사람이었습니다.

너무 자신감이 넘치나요? 하지만 전 스스로 이렇게 평가합니다. 제가 왜 이렇게 생각하는지, 지금은 어떤 생각을 하고 사는지, 제 이야기를 시작해 보겠습니다.

10년의
해외 생활

어릴 적부터 해외 생활에 대해 동경이 있다 보니, 유학에 대한 희망도 당연히 컸습니다. 대학 시절 내내 졸업하면 미국으로 건너갈 꿈을 꾸고 있었습니다. 하지만 당시 대학을 다니는 두 명의 연년생 여동생들이 있었고 막내 여동생까지, 세 명의 학비를 부모님께서 뒷바라지해야 하는 상황이라 유학 비용을 지원해 달라고 요청할 수도 없었습니다. 그래도 유학 가겠다는 의지는 매우 강했죠.

다행히 외국어 학원에서 영어 강사로 일할 기회를 어렵게 구할 수 있었고, 3년 동안 강의하며 유학 등록금과 생활비를 마련할 수 있었습니다. 그 기간에 대학원도 마칠 수 있었고요. 해외 유학은 꿈도 꾸기 어려운 1980년대 초, 저는 동기들 중 해외 유학생 1호로 친구들의 부러움과 기대를 한

몸에 받으며 미국 유학길에 올랐습니다.

외국 유학생이 겪어야 하는 재정적인 어려움은 너무도 당연했고, 인종 차별과 유색인종에 대한 무시 속에서 많은 어려움을 겪었습니다. 고단하고 외로운 유학 생활이었지만 꿋꿋하게 잘 이겨내고 석박사 학위를 받을 수 있었습니다. 5년간의 미국 생활과 다른 나라 유학생들을 포함해 많은 외국 사람들과 폭넓은 교류를 통해 세상을 바라보는 시야가 많이 넓어졌다고 생각합니다.

글로벌 인재로서의 충만한 자신감으로 무장하고, 저는 귀국했습니다. 첫 직장인 삼성전자에 입사해 해외사업본부로 배치를 받았습니다. 유창한 영어 실력과 해외에서 얻은 다양한 경험을 바탕으로 해외 상품 기획과 영업 업무를 담당했습니다. 유학생 출신의 장점을 백분 활용한 거죠. 회사 내에서도 인재로 소문이 났고, 금방 실력을 인정받아 또래 동기들보다 승진도 빨랐습니다.

입사 4년 만에 회사로부터 해외 주재원 근무를 제안 받았는데, 한 치의 망설임도 없이 수용하고 두 번째 해외 생활을 러시아에서 시작하게 되었습니다.

냉전 시대가 막 종식된 상황이라 정치, 경제, 치안 등이 전반적으로 불안한 러시아 수도 모스크바에 첫 주재를 나가서, 학생이 아닌 주재원 신분으로 열심히 일 만하면서 두 번째 5년간의 해외 생활을 시작하게 되었습니다. 예전 유학생 시절 때와 같은 경제적인 어려움과 차별을 느끼지 않아도 됐기에 나름 행복한 시절이었습니다.

당시 삼성전자는 러시아의 국민 브랜드로 인식될 만큼 러시아 사람들의 사랑을 많이 받았습니다. TV를 비롯한 전자제품들이 시장 점유율 1위를 기록했고, 매출도 매년 100% 이상 오르던 때였습니다. 삼성전자의 CIS 총괄 마케팅 책임자로서 큰 자부심을 느낄 수 있었던 5년이었습니다.

어린 시절부터 항상 꿈꿔왔던 외국 생활을 두 차례에 걸쳐 무려 10년 동안 할 수 있었던 것은 정말 감사할 일이며, 그 이후에도 삼성전자 본사에 근무하면서 수많은 해외 출장을 다니며 평생 해외 관련 업무만 할 수 있었던 행운에 늘 감사하며 지냅니다.

나에게
일이란?

요즘 세상에 평생 직장, 평생 직업이란 말은 통하지 않게 된 거 같습니다. 예전 같으면 대기업이나 안정된 기업에 취직해 정년까지 다니다가 은퇴하는 것이 일반적인 공식이었는데 요즘은 좋은 직장을 다니다가도 중간에 일을 그만두고 새로운 직업을 갖는 경우가 흔해졌습니다. MZ 세대들은 직장의 개념을 과거처럼 평생 직업으로 생각하는 경향이 없어진 듯합니다.

특히 신입 직원의 경우 몇 개월 근무하다가 자기 적성과 맞지 않거나, 조직 생활과 맞지 않으면 자신이 하고 싶은 일을 찾아 미련 없이 쉽게 떠나고 몇 개의 직장을 옮겨 다니곤 합니다. 비난하고자 할 마음은 전혀 없습니다. 지금 생각해 보면 저 또한 20~30년 전부터 MZ 세대처럼 사고하고 행동했던 것 같습니다.

삼성전자 같은 초우량 기업을 아무 미련 없이 사직하고, 하고 싶은 일을 하겠다고 마음 가는 대로 호기롭게 결정했던 당시 제 모습은 지금의 MZ 세대들이 하는 것과 별반 다르지 않다는 생각을 종종 합니다. 물론 생계 수단이 필요했지만, 조직이 싫으면 과감히 하던 일을 관두고 다른 일을 찾던 제 모습이 너무 시대를 앞서가던 행동이었을까요?

또한, 요즈음에는 한 가지 직업만으로는 살기 힘들다는 말이 젊은이들 사이에 많이 나옵니다. 한 직장에서 한 우물만 파다가는 일자리를 잃거나 퇴직 이후에도 불안한 삶이 계속된다는 것입니다. '직장=직업'이라는 공식을 버리고, 평생을 살며 최소 여러 번 다양한 직업을 가져야 한다고 하지요. 그리고 자신만의 콘텐츠와 새로운 흐름을 따라가는 학습도 평생에 걸쳐 게을리하지 말아야 한다고 합니다.

그래서 나온 말이 동시에 여러 일을 하는 '슬래시 워커'입니다. 명함에 슬래시(/)를 넣어 여러 개의 직업을 동시에 표시하라는 말인데, 저는 벌써 오래전부터 이렇게 살아왔으며, 현재도 한 번에 다양한 일을 하며 살고 있습니다.

지난 35년간 삼성전자, 듀폰, 웅진코웨이, 효성, 대한전선, 화승 R&A 등 6개의 회사를 거치면서 해외 영업/마케팅 전문가로 일해왔습니다. 해외영업 총괄, 해외사업 본부장, 글로벌 비즈니스 센터장, 글로벌 마케팅 본부장, 글로벌 사업부문장 등 다양한 C-Level 직함을 가지고 영업총괄 사장으로 CEO 자리에까지 올라가 봤으며, 제품 및 사업 분야도 전자, 화학소재, 생활가전, 중공업, 전력/에너지, 자동차 등 다양한 분야를 두루 섭렵했습니다.

이러한 특이한 경험과 경력이 인정되었는지 현재에도 국내 굴지의 최대 투자회사에서 Operating Partner로 일하고 있고, 세계 최고 클라우드 비즈니스Cloud Business사의 한국 컨설팅 파트너 회사 부회장 역할, 삼성전자 협력업체의 고문

등 세 가지 일을 동시에 하고 있습니다. 이 또한 슬래시 워커로 살아가는 60대이자, MZ 세대의 삶이 아닐까요?

여기서 자화자찬 한번 하자면, 이런 변화무쌍하고 다양한 삶을 살 수 있는 원동력은 새로운 경험을 두려워하지 않고, 매사에 긍정적으로 접근하여 생각하고, 변화의 트렌드를 학습하고 배우며, 능동적으로 내 몸을 던져 변화의 물결에 스스로 동화되려고 노력하는 것이라고 생각합니다.

그리고 여러 회사를 옮겨 다니는 바람에 평생 직장은 없었지만, 항상 해외영업/마케팅 전문가라는 이름이 붙어 있었고, 그것이 제 평생 직업인 것만은 확실합니다.

과거와의
이별

___

얼마 전 삼성전자를 퇴임한 후배가 저에게 인사 카톡을 보내왔습니다.

"선배님이야말로 몇 번의 이직으로 힘든 시기를 탁월하게 극복하신 좋은 경험을 가지고 계신 거 같아요. 그래서 후배들이 선배님을 성공한 롤모델이라고 생각하고 있답니다"

라고 저를 격려하는 내용의 글을 보냈더군요. 물론 그 후배
는 한 회사에서 30년 이상 근무하며 평생 직장이라 생각하
고 열심히 일했고, 임원으로 승진해 남들이 부러워하는 위
치까지 올라갔으니 이 또한 대단한 일이라고 생각합니다.

그런데 아쉬운 것은 삼성전자에서 30년 넘게 일한 많은
선후배들을 만나보면 항상 옛날 이야기만 하고 있다는 것입
니다. 과거의 인연을 소중히 여기는 것도 당연히 중요합니
다만, 대화 대부분이 30년, 20년, 10년 전에 머물고 추억만
을 이야기합니다. 내가 과장이었을 때, 내가 부장이었을 때,
내가 임원이었을 때 어땠는데 등등 처음 몇 번은 그저 반가
워서 옛날이야기를 들어주었는데 항상 반복되는 무의미한
대화를 하고 헤어져서 돌아가는 길에는 뭔가 씁쓸하고 뒤가
개운치 않았습니다.

대화가 한 걸음도 앞으로 나가지 못합니다. 과거에는 그
렇게 좋았다 치더라도 앞으로 급변하는 변화의 시기에 우리
는 나이 들어가면서 어떻게 살아야겠다는 이야기를 하고 싶
었는데, 서로 아는 것이 많지 않아서, 아니면 몰라서 그런지
전혀 건설적인 대화가 되지 않습니다.

과거 우리가 살았던 30년의 변화보다 지금 세상은 지난
3년 동안이 더 빠르게 변화하고 있고, 온통 세상 이야기의

중심에는 디지털 트랜스포메이션, 메타버스, NFT, 가상화폐와 블록체인, 클라우드 등 우리가 실생활에서 이해하지 못하고 다가가서 경험하기 어려운 세상일들이 벌어지고 있습니다.

대다수 친구, 동료들의 근황을 들어보면 삼삼오오 매일 당구장을 전전하고, 등산 가서 막걸리와 더불어 옛날 얘기만 하면서 "나 때는 어땠었는데"만 반복하고 있으면 앞으로 미래에는 어떻게 적응하고 살아갈지 걱정이 됩니다.

설사 우리 나이에 일할 기회가 주어진다고 하더라도 마하의 속도로 변하는 세상을 따라가고 늘 공부하지 않으면 절대로 기회를 쟁취하지 못할 것이며, 심지어 어린 손주들과 대화도 하기 어려울 정도로 단절되지 않을까 염려가 됩니다.

이제는 과감하게 과거와 이별을 준비해야 할 것입니다. 과거에 담긴 애착을 버리고, 지금의 내가 정말 좋아하는 것이 무엇인지 다시 고민해봤으면 합니다.

새로운 세상에서 자신이 좋아하는 것을 계속해 나가려면 디지털 기술에 대해 이해하고, 디지털 세상과 접속할 수 있도록 기기의 사용법을 익히는데 두려움이 없어야합니다. 또, MZ 세대는 무엇을 생각하는지, 무엇을 추구하는지, 심지어 무슨 음식을 좋아하는지 등 신인류와의 교류와 대화를 통해 새로운 변화에 들어가 어울리는 것을 게을리하지 말아야 할 것입니다.

이러한 노력을 하지 못하면 머지않아 모바일 뱅킹도 못하고 디지털 취약 계층으로 분류되어 항상 은행 창구를 찾아가 줄을 서야 할지도 모르는, 그야말로 소외당하는 노인이 될 것입니다.

과거 아날로그 시대에서 최근의 디지털 시대로의 변화에 적응하지 못하고 단절된 세상 속에서 옛날얘기만 하면서 살아가기엔 앞으로 우리가 살아야 할 시간은 무려 20~30년이나 더 남아 있습니다.

같이 공부하고 고민하는 친구나 동료들이 옆에 있으면 내 나이를 생각할 겨를이 없습니다. 하지만 '라떼는'을 말하는 사람이 옆에 있으면 나 또한 함께 늙어가고, 새로운 일에 달려들 힘이 안 납니다. 저 나름대로 잘 살아왔습니다. 앞으로도 잘 살아가고 싶습니다.

그래도 말씀드립니다. 이미 나이 들었다고 생각하는 너희들 때문에 힘들다! 우리 같이 행복해지자!

일을 통한 행복

전혜선

1991년~현재   열린노무법인 대표노무사

2010~2012년   산업안전공단사외이사

2014~2015년   전 공인노무사회부회장

2022년~현재   우체국물류지원단 사외이사
중앙지방법원 조정위원

엄마, 아들, 딸, 모두가
노무사인 가족

저는 노무사밖에 모르는 사람입니다. 노무사 이야기만 나오면, 주변 사람들은 제 눈에서 광채가 나오고 생기가 돈다고 합니다. 이러한 제 열정이 아이들에게 잘 전달되었는지, 딸 진주는 18기 노무사에, 아들 혁은 20기 노무사에 합격할 수 있게 된 것이 아닌가 생각되기도 합니다.

로버트 프로스트는 『가지 않은 길』을 통해 다음과 같이 말했습니다. "나는 다음 날을 위하여 한 길은 남겨 두었습니다. 길은 길에 연하여 끝없으므로 내가 다시 돌아올 것을 의심하면서…."

그렇습니다. 우리는 살면서 '선택'을 통해 어떤 길을 간다고 하지만, 사실은 선택이기보다는 떠밀림인 경우도 많습니다. 제 어려웠던 유년시절도 그렇게 휩쓸리듯 갈 수 밖에 없었던 길이었지만, 그때 부족했던 것들이 지금 돌이켜보면 삶의 에너지가 되었고, 원동력이 되어 주었습니다.

잃어버린 송아지

저는 강원도 태백산. 함백산이 있는 태백에서 벌집딸로 커왔습니다. 아버지는 봄이면 벌통을 트럭에 싣고 유채꿀, 싸리꿀, 잡화꿀 등을 따기 위해 꽃이 많이 핀 곳으로 가셨다가 낙엽이 떨어질 때가 되어야 돌아오셨습니다. 외지에서 아버지는 술로 외로움을 푸셨고, 가을에는 꿀을 판 돈으로 술값 갚고 자녀들 학비를 걱정하셨습니다.

그러던 어느 날, 저는 6학년 여름방학 때 친구들과 소를 몰다가 산에 방목한 적이 있었습니다. 어미 소와 송아지 둘 다 끌고 왔고, 송아지는 그냥 어미 소를 따라가기 때문에 크게 걱정하지 않았습니다. 하지만 저녁이 되자 송아지가 안 보였습니다. 동네 사람들 모두가 산을 뒤졌는 데도 보이지 않았고 결국 그날 송아지를 잃어버렸습니다.

잃어버린 송아지 때문에 저는 중학교를 입학할 수가 없었고, 교회에서 운영하는 고등공민학교에서 2년간 공부를 하고 고등학교 검정고시를 거쳐 황지여상에 입학하게 되었습니다. 그렇게 3년을 기다려서 어렵게 고등학교 입학금을 어머니한테 받았고, 저는 바로 농협으로 달려가서 이름을 쓰지 않고 납부했었는가 봅니다. 고등학교 입학식 때 저 혼자만 반을 배정받지 못했기 때문입니다. 입학식 날 모두 반 배정을 해서 각 반 담임을 따라갔었는데 혼자 운동장에 남아 있었고, 이후 '운동장에서 주워온 애'로 통했던 웃지 못할 추억이 있습니다.

고등학교 내내 중학생 영어 과외를 하면서 대학을 준비했는데, 부모님 두 분의 건강이 나빠져 대학 입학의 꿈을 접고 9급 세무직 공무원 시험을 쳐서 합격했습니다. 이후 삼척세무서황지지서에 3년간 다녔습니다. 지금 와서 생각해 보면 다른 친구들보다는 다른 길로 왔고, 조금 많이 돌아왔다고 느껴집니다. 남들이 가지 않았던 길을 걸어온 저였지만, 고등학교 검정고시를 거치면서 좀더 단단해지고 의지가 강해지는 계기가 되지 않았나 생각됩니다.

500대 1의 경쟁률을 뚫고
합격한 아기엄마

세무공무원은 약 3년만 다니다 그만두었습니다. 대신 종로에 있는 행정고시학원에서 7급 공무원 시험 공부를 시작했고, 그러던 중 제1회 공인노무사 시험 공고를 보게 되었습니다. 하지만 꿈을 위한 준비도 타이밍이 잘 맞아야하나 봅니다. 저는 24살이라는 어린 나이에 딸 진주를 낳아 엄마가 되었고, 딸을 등에 업고 공인노무사 시험 공부를 시작했습니다. 7개월이 된 딸아이를 데리고 공부를 한다는 것은 여간 어려운 결정이 아니었습니다. 그러나 제 삶에서 시험을 볼 수 있는 마지막 기회라는 생각으로 배수진을 치며 온 힘을 다했습니다. 1차 시험을 마치고 3차 면접시험을 응시할 때쯤, 아들 혁이를 임신했습니다. 몸도 마음도 부담되는 시기였지만, 오로지 꿈을 위해 잠을 줄여가며 공부에 매진했습니다.

1986년도 당시 시험에는 5만 명이 시험이 응시했습니다. 그리고 저는 당당히 108명의 최종합격생 명단에 이름을 올렸습니다. 시험을 보고 나서 아기를 업는 포대기의 끈이 낡아져 끊어질 정도로 힘들었고, 아기가 더 커지면 아예 시험에 도전조차 할 수 없다는 절박감으로 도전했던 아기엄마에게 정말 기적 같은 일이었습니다.

그래도 아직 준비해야할 것이 많았습니다. 시험에 붙었을 때의 저는 방송통신대학교 초등교육학과 4학년 재학 중이었습니다. 전문성이 없는 학력으로 전문가들 세계로 들어가는 것이 겁이 났고, 학력에 대한 편견을 이길 자신도 없었습니다. 그래서 그동안 공부해오던 방송대 초등교육학과를 과감히 중단하고, 방송대 경영학과를 다시 입학해 5년 만에 졸업했습니다. 이후 1995년 숭실대학교 노사관계대학원을 졸업하면서 저를 심각하게 괴롭혀 왔던 학력 콤플렉스를 극복하며 결핍이 또 하나의 삶의 원동력으로 만들어지는 계기가 되었습니다.

최초의 퇴직금
자동 산정 프로그램

1991년, 저는 '공인노무사 전혜선 노무사'를 개업하며 본격적으로 노무사로서의 발돋움을 시작했습니다. 개업 당시 퇴직금산정, 휴업급여 산정을 위한 평균임금에서 자주 오류가 발생했고, 골치가 아픈 일이었습니다. 고민 끝에 같은 사무실에서 근무하던 실장님에게 퇴직금산정 프로그램을 만들어줄 것을 부탁했습니다. 실장님은 6개월간 시행착오를 거친 후에 입사일자와 퇴사일자, 그리고 월급만 기재하면 근속일수와 평균임금을 정확하게 산정할 수 있는 프로그램을 완성했습니다.

그동안 매번 계산해야 했던 일을 이렇게 쉽게 해낼 수 있게 되니, 다른 노무사들에게도 도움이 되리라는 생각이 제일 먼저 들었습니다. 그래서 저는 이 프로그램을 당시 노동사무소 근로감독관과 노무사들에게 배포했는데, 엄청난 혁신으로 퍼져나갔습니다. 대부분 전산 프로그램을 갖고 있지 않았고 미숙한 엑셀 실력에만 의존했기에, 노무업무 효율성을 높이는데 큰 역할을 하게 되었습니다. 이 일로 곧 노무업무의 전반적인 효율성이 높아졌고 2000년 근로자의 날에 국무총리상을 수상하기도 했습니다.

홀대받던 교향악단의 근로자성

1998년 3월, 저는 예술의전당 KBS교향악단 정기연주회에서 많은 관객 앞에서 단원들로부터 감사패를 받았습니다. "귀하는 KBS교향악단 전임노무사로서 교향악단 단원들의 위상을 높이는데 헌신적으로 노력하여 주신데 대한 감사의 뜻을 여기에 담아드립니다"라는 내용이 담긴 감사패였고, 그때의 뭉클했던 감동은 아직도 생생합니다.

KBS교향악단과의 인연은 당시 방송국 전속 교향악단 단원들이 근로자로 인정받지 못한 것으로부터 시작되었습니다. 그들은 매년 오디션을 보며 계약을 갱신하는 불안한 지위에 있었을 뿐만 아니라, 퇴직금은 물론이고 학자금 등 일체의 복리후생을 받지 못하고 있었습니다. 그리고 그런 상황을 견디지 못해 퇴직하는 연주자로부터 저는 '퇴직금진정사건'을 위임받았습니다.

저는 당시 '남부노동사무소'를 찾아가 진정서를 제출했습니다. 동시에 전속악단관리규정 및 실제 근무상황을 면밀히 파악해 근로자성을 강력하게 주장했습니다. 다행히 최종적으로 KBS교향악단은 교향악단 최초로 근로자성을 인정받게 되었지만 아직 할 일은 많았습니다.

이후 교향악단 단원들과 퇴직금, 학자금 및 근로조건 향상을 위한 회의도 수차례 진행했고 결국 교향악단 단원 전체가 KBS노동조합에 가입 단체협약을 적용받게 되면서 교향악단 단원들은 고용불안으로부터 벗어날 수 있었습니다.

퇴직금, 학자금 등 근로조건의 복리후생은 근로자에게 매우 중요합니다. 우리 모두 단지 근로자가 아니라, 각자의 삶을 책임지는 존재이기에 근로자가 일하는 기업도 그리고 우리 사회 전체도 모두의 삶에 신경쓸 수 있어야 합니다.

여자 직원에 대한
악습을 끊다

IMF는 아직도 대한민국을 뒤흔든 사건으로 기억되고 있습니다. 국민들도 각자의 생계에 큰 피해를 입을 정도로 모두가 힘든 시기였죠. 여자 직원들도 마찬가지였습니다. 지금은 말도 안 되는 일이지만 당시 여자 직원들은 30살이 되면 정리해고(희망퇴직) 대상이 되었습니다. 그때는 결혼을 이유로 퇴직하고, 나이가 많다는 이유로 사직서 내야하는 시절이었습니다.

1988년 2월, 어느 회사의 여자 직원 30여명이 저를 찾아 왔습니다. 30살이 넘었다는 이유로 정리해고대상이 되었고, 사직서를 강요받아 제출할 수밖에 없는 상황이었다면서 상담을 요청했습니다. 그리고 이에 대해선 많은 노무사들이 이미 '사직서'를 제출했기 때문에 부당해고로 인정하기 어렵다는 입장이었습니다.

저 역시도 이 얘기를 많이 들어와서 그렇게 생각하게 될 줄 알았지만, 상담을 통해 같이 얘기를 나눠보니 마음속에서 알 수 없는 분노와 동질감이 생겨났습니다. 상담이 끝나니 저희는 같이 붙들고 울고 있었습니다. 이것은 꼭 이겨야 하는 일이었습니다. 우리를 위해서가 아니더라도, 우리의 딸들을 위해서라도 사명감을 불태웠습니다. 밤을 새가며 철저하게 준비했고, 결국 서울지방노동위원회에서 승소하며 30여명의 직원들과 함께 눈물을 쏟았습니다.

노·사 양면을 활용해
환급 결정을 이끌어내다

임금은 근로자에게 수입이자 권리입니다. 반대로 회사의 입장에서는 비용입니다. 공교롭게도 근로자 사건을 진행하던 중 얻은 아이디어로 대박을 낸 사건이 있었습니다.

2000년 초에 저는 어느 회사의 근로자들 86명으로부터 상여금 미지급 사건을 위임받아서 진행한 적이 있었습니다. 당시 그 회사의 취업규칙에는 '회사 경영사정에 따라 상여금을 지급할 수 있다'라고 되어 있었고, 10여 년간 관행적으로 600%를 지급해왔습니다.

그러나 IMF 이후 회사 경영이 어렵다는 이유로 상여금을 지급하지 않았고, 이후 퇴직할 때 상여금은 물론 퇴직금도 받지 못한 상태였습니다. 근로자들은 관행적으로 지급해오던 상여금도 임금총액에 포함한다고 주장했으나, IMF이후 회사들의 어려운 상황을 반영한 것인지, "경영상사정에 따라 지급여부가 결정되는 경영상여금은 임금이 아니다"라는 판결이 내려졌습니다. 근로자 측을 대리해왔던 상황에서 어찌할 수 없이 패소한 것이었습니다.

그러다가 2002년도 근로복지공단에서 '성과급'에 대해 산재보험료 및 고용보험료를 부과하는 일이 발생했습니다. 동 사건을 행정심판에서 진행하는 과정에서 경영성과에 따른 상여금이 '임금총액'에 포함되지 않는다면 회사 측에서 부담하는 산재보험료 및 고용보험료 산정시의 '임금총액'에도 포함하지 않는 것이 타당하다는 주장을 했습니다. ○○사건에서 패소했던 고등법원 판결례가 주요한 역할을 하게 된 것입니다.

결국 2002년 12월 14일(국행심 02-03886) 행정심판위원회에서는 "성과급은 시혜적 성격의 금품으로서 근기법상 소정의 임금으로 볼 수 없어 임금총액에 포함시키는 것은 위법하다"라는 결정을 내렸습니다. 이때 내려진 행정심판사건에 근거해 삼성전자, 삼성코닝, 삼성전기, 삼성SDI등 전자 4개사에 대한 산재 및 고용보험료 과오납금 120억 원을 반환받을 수 있었습니다. 뒤이어 포스코 산재 및 고용보험료 과오납금 70억 원을 반환받게 되었으며 그 당시 많은 노무사들이 경영성과상여금을 '임금총액'으로 과다 산정한 회사들에 대하여 과오납 산재, 고용보험료 반환업무를 수행하게 된 계기가 되었습니다.

노무법인 대표
노무사로 우뚝 서다

다양한 사건들을 맡아 진행해왔지만, 저는 주로 건설회사와 자문을 주로 많이 했습니다. 그러면서 어느새 국내 건설회사 1위~10위 대형건설회사를 포함한 170여개 자문회사를 두고 있는 인사노무·노사관계전문노무사로 우뚝 서게 되었습니다. 그러면서 전문건설업 종사자 등을 대상으로 연간 100회 이상 강의를 하기도 했고 건설업의 근로기준의 표준을 만들었습니다.

또한 합리적 노무관리에 공헌했다는 이유로 건설협회로부터 감사패를 받고 국토해양부장관의 표창장을 받기도 했습니다.

산업안전보건법상의 무혐의 사건을 최초로 끌어내어 산업안전업무를 노무사 영역으로 확대하기도 했고, 저서인

『성공하는 기업의 현장노무관리』『재해보상및재해관리실무』는 5,000부 이상 팔린 베스트셀러일 뿐만 아니라, 크레듀에 사이버교육으로 개설되기도 했습니다. 2011년 7월에는 복수노조 등 노사관계에 관한 이야기를 서술형으로 쓴 『프레너미 파트너스』도 출간하는 등 인사노무분야의 전문가로 활발하게 활동했습니다.

부드러운
협상전문가

2010년대 말, 저는 산유화단지 플랜트전문건설 38개회사로부터 단체교섭을 위임받아서 교섭한 적이 있었습니다. 그때 노측 간부가 저에게 "전 노무사는 회사편이지요? 아니 사측 앞잡이 아닙니까?"라고 묻기에 저는 "저는 고객편입니다. 저는 법률서비스를 업으로 하고 있기 때문에 고객을 위하여 최선을 위하여야 합니다. 다만, 노동관계법을 가지고 일을 하기 때문에 늘 마음속에는 산업일선 힘든 여건에서 일하고 있는 근로자를 마음에 새기고 정도에 벗어나지 않으려고 노력하고 있습니다"라고 답했습니다.

말 그대로입니다. 어떤 때는 노조에서 노무사가 왜 노사 관계에 개입하느냐면서 소리를 칠때가 가끔 있는데, 그때마다 저는 웃으면서 "저는 근로자들을 사랑하고 열정을 바치는 노조간부들을 너무 존경합니다. 제가 고객을 위하여 열심히 일하는 모습 그 자체를 봐주시면 안 될까요?"라고 하면서 강함과 어색함을 부드러움으로 해결해 나가곤 합니다. 만약 저도 소리치며 맞받아쳤다면 어땠을까요? 이뤄낼 일도 망치지 않았을까요? 저는 여자 특유의 부드러움으로 협상전문가가 된 것이 너무 다행이고 행복한 일이라고 생각하기도 합니다.

돈보다는
사람을 얻자는 마음으로 시작한 일

2021년 4월, 이천시 남이천물류센터 신축공사 현장에서 화재 사고가 발생해 총 38명이 사망하는 대형 참사가 있었습니다. 당시 현장에는 전기, 도장, 설비, 타설 등 분야별로 9개 업체 소속 한 78명이 일하고 있었던 것으로 알려졌는데 대부분 일용직 노동자였습니다.

이렇다 보니 피해를 당한 38명에 대한 산재처리와 보상 문제가 심각한 문제로 떠올랐습니다. 38명의 유가족들은 정부의 신속한 대처와 적정한 보상을 요구하고 나섰습니다. 대부분의 관계자들은 피해자의 규모로 볼 때 이의 해결이 쉽지 않을 것이라는 입장이었습니다.

저는 이 사건을 맡으며 '돈보다는 사람을 얻자'라는 다짐을 했습니다. 사건 수임을 통한 수익보다는 피해유족의 아픔을 먼저 생각하기로 했습니다. 유가족들은 38명이었고 관련 회사는 9개였으니, 최소한 피해유족들이 억울해하지 않게 하는 것이 최선이라고 느꼈습니다.

이를 위해 관련 회사 대표들과의 끊임없는 설득과 방향 제시로 이들로부터 신뢰를 얻었습니다. 그리고 이천 물류창고 화재사건에서 발주처, CM, 원청 및 협력업체로부터 합의 자금을 모을 수 있었습니다. 총 91억 5,000만 원(근재 포함)이 모였고, 저는 무거운 마음으로 유가족에게 이것이 법적으로 회사과실을 100%로 인정한 합리적인 금액임을 안내하여 설득했습니다. 마찬가지로 38명의 유가족 전원과의 합의를 이끌어내며 모든 갈등을 해결했습니다. 돈보다는 사람의 마음을 더 얻었고, 이후 국내 중대재해 합의 전문가로 불리는 계기가 되었습니다.

일을 통한
충만한 행복

사람들은 각자의 이유를 갖고 직업을 선택합니다. 누구는 사회에 도움이 되는 일을 택하고, 누구는 돈을 많이 벌 수 있는 일을, 혹은 개인적인 만족감을 느낄 수 있는 일을 택합니다. 저와 제 딸과 아들들은 모두 노무사라는 직업을 선택하면서, 사회에 봉사하고, 즐겁고 행복하고, 끊임없이 노력하면서 성취감을 느낄 수 있다고 동의합니다. 그래서 딸, 아들 모두 공인노무사에 합격한 것 아닐까 생각합니다. 아들은 이후 로스쿨을 거쳐 변호사 시험에 합격한 후, 노동전문 변호사가 되었습니다.

공인노무사는 근로자들의 해고, 산재, 임금체불 등 사건 대리를 하면서 근로자의 권리를 찾아주고, 어려운 처지에 처한 근로자의 아픔을 같이하면서 사회에 봉사하고 행복과 보람을 느끼는 직업이기도 합니다.

단지 근로자만을 돕는 것은 아닙니다. 인사노무관리 체제가 미흡하거나 법적기준이 미비한 중소기업에게 인사, 노무, 노사, 안전 자문역을 하고, 각종 인사제도를 설계해줌으로서 소속 근로자와 사업주가 같은 비전을 가지고 함께 성장하도록 안내해주는 역할도 합니다.

즉, 공인노무사란 노사 갈등이 있는 곳이라면 어디든 교섭 및 중재를 통해 노사관계의 안정적 발전을 위한 촉매역할을 하는 직업입니다. 중대재해가 있어도 당연히 달려갑니다. 모두가 피해를 입은 상황이라도, 합리적인 기준을 통해 유가족과 회사 간 합의를 이끌어낼 수 있습니다. 사람들의 마음을 읽고, 그것을 움직이는 직업이기에 행복과 자긍심을 느끼기에 충분합니다.

직업과 마찬가지로, 성공에도 여러 기준이 있습니다. 돈이나 명예를 제외한다면, 보통 일에 대한 만족감과 일을 통해 얻는 자긍심이 그 다음으로 중요할 것입니다. 이런 기준이라면, 저는 '성공한 노무사'라고 말할 수 있습니다.

살면서 저는 가족이나 사회의 기준에 맞춰 휩쓸리듯 살 때가 많았습니다. 하지만 노무사라는 길을 걸을 때만큼은 다릅니다. 지금 자녀들과 함께 걷는 노사관계 전문가로서의 길은, 비 온 뒤 햇살을 받는 초록빛 산길을 걸을 때처럼 매 순간이 행복합니다.

사명을 가지고
인생을 즐겨라

최염순

1990년~현재 (주)성공전략연구소 대표이사

1992년~현재 미국 '데일카네기 코스' 마스터 트레이너

(주)카네기연구소 대표이사

인생에서 배워야 할
가장 중요한 일은?

인생에서 배워야 할 가장 중요한 일은 무엇일까요? 저는 무엇보다 어떻게 사느냐를 배우는 것이 가장 중요하다고 생각합니다. 그렇다면 한 번뿐인 소중한 우리 인생을, 어떻게 의미 있고 행복하게 살 수 있을까요? 그것을 위해 우리는 어떤 비전이나 사명을 갖고 있어야 할까요? 스위스의 위대한 사상가 칼 힐티는 이렇게 말했습니다.

"인간 생애의 최고의 날은 자기의 사명을 자각하는 날이다. 하느님이 나를 이 목적에 쓰겠다고 작정한 그 목적을 깨닫는 것이다."

아프리카 탐험의 역사적 대업을 성취한 리빙스턴도 힐티와 같은 의미의 말을 했습니다.

"사명을 가진 사람은 그것을 달성할 때까지는 죽지 않는다."

저는 고등학교 2학년때 데일 카네기의 인간처세 철학 전집을 읽고서, 인생의 목적과 사명에 대해서 많은 생각을 하게 되었습니다. 친구들과도 인생, 우정, 사랑, 사명에 대해서 이야기 하면서 많은 시간을 보냈습니다. 그렇게 학창시절을 보내다 1979년 11월 대학 졸업을 앞두고 건설회사 경남기업에 취직을 해서, 1980년 2월 자원을 해서 바로 사우디로 가게 되었습니다. 사우디에서 생활은 환희, 즐거움 그 자체였습니다. 배울 것이 너무 많아서, 밤낮을 가리지 않고 열심히 일을 했습니다.

그러다 어느 날 서점에서 데일 카네기의 『How to win Friends and influence people(카네기인간관계론)』을 발견하고 바로 구입해서 읽고 또 읽었습니다. 원어로 읽으니까 모든 구절이 새롭게 다가왔습니다. "비난, 비판, 불평하지 말라" "솔직하고 진지하게 칭찬과 감사를 하라" 등의 원칙들도 가슴에 와닿았지만, 저를 특히 감동시킨 글은 엘버트 하버드가 쓴 멋진 글이었습니다.

하고 싶은 일을 마음속에 확실히 심어 두어라. 그리고 옆길로 새지 말고 목표를 향해 곧장 전진하라. 당신이 하고 싶은 위대하고 찬란한 일에 대해 생각하라. 그러면 시간이 흐름에 따라 당신도 모르는 사이에 원하는 것을 이루는 있는 자신을 발견할 것이다. 이는 마치 산호충이 흐르는 조류에 몸을 맡기고 필요로 하는 것을 취하는 것과 같다. 마음속에 당신이 되고 싶어 하는, 유능하고 정직하고 쓸모 있는 사람을 그려라. 그러면 당신이 품고 있는 그러한 생각이 당신으로 하여금 바로 그런 인물이 되게 해 줄 것이다.

생각이란 아주 중요한 것이다. 올바른 정신 자세를 갖아라. 용기, 정직 그리고 명랑한 정신 자세를 가져라. 올바르게 생각하는 것은 창조하는 것이다. 모든 것은 욕망으로부터 얻어지며, 모든 진지한 기도는 응답된다. 우리는 우리가 마음먹은 그대로 된다.

1984년 6월, 한국으로 귀국한 저는 직장인 영어회화클럽인 파운틴에서 영어로 데일카네기 인간관계론을 강의하면서 카네기 전도사가 되었습니다. 많은 이들이 관심을 보여주었고, 그럴 때마다 더 많은 용기를 얻기 위해 엘버트 하버트의 문장을 외쳤습니다.

"나는 세계 최고의 동기부여가다.""나는 세계 최고의 동기부여가다."

그렇게 카네기를 전도하기를 3년, 1987년부터 저는 정말로 세계최고의 동기부여가가 되고 싶었습니다. 자신을 최상의 모습으로 만들어 가면서, 타인에게 영감을 불어넣고, 타인을 리더로 만드는 일을 생각하면 가슴이 두근거렸습니다. 가족, 주변의 친구와 선배들에게 동기부여에 대한 이야기를 하면서, 이런 회사를 세워보면 어떨까하는 의견을 구했는데, 거의 모든 사람들이 성공이니 행복이니 하면서 반대를 했습니다.

그러나 제 마음속에는 불타는 열망과 확신이 있었습니다. 반대가 심해질수록 제 마음속에서는 이것이 제 사명이라고 말을 걸어왔습니다. 오랜 성찰 끝에 저는 1990년 6월 성공전략연구소를 설립했고, 성공과 행복에 대한 연구와 강의로 바쁜 나날을 보내게 되었습니다.

데일카네기를
한국에 들여오다

어느 날 파운틴에서 친하게 지내던 미 공군 존 올슨 중령에게서 미국 데일카네기연구소 소개 편지를 받았습니다. 즉시 올슨 중령에게 연락을 해 한국에서 '데일카네기 트레이닝 비즈니스'를 하고 싶다고 했고, 중간에 다리를 놓아달라고 부탁을 했습니다. 존 올슨 중령도 마치 자기 일인양 혼신의 힘을 다해서 데일카네기 연구소에 연락을 해줬습니다.

그러나 몇 개월 후 존 올른 중령은 제게 포기하라는 소식을 전했습니다. 데일카네기연구소에서는 전혀 관심을 보이지 않는다는 것이었습니다. 그렇지만 저는 조금도 실망하지 않았습니다. 데일카네기 트레이닝 비즈니스는 이미 제 사명이라는 것을 알고 있었기 때문에, 단지 다른 방법만 찾으면 되는 것이었습니다.

이번에는 직접 연락하기 위해 저는 존 올슨 중령에게서 데일카네기 연구소 본사 연락처를 받아, 팩스를 보내고 전화를 걸었습니다. 지속적으로 연락을 했지만 데일카네기연구소로부터는 아무런 소식이 없었습니다. 이럴수록 저는 제 마음속에서 데일카네기코리아를 운영하고 있는 모습을 그리며 자신감을 키워나갔습니다.

연락해서 안되면, 만나서 담판을 지어야겠다고 결심을 했습니다. 비행기를 예약하고, 미국 데일카네기 본사에 방문하겠다는 의지를 담은 연락을 전달한 뒤 미국으로 날아갔습니다. 존 에프 케네디 공항에 내려 택시를 타고 롱아일랜드에 있는 데일카네기 본사로 씩씩하게 쳐들어갔습니다. 다행히도 올리버 크롬 사장과의 면담시간이 제게 주어졌습니다. 처음에는 5분만 준다고 했지만, 저는 그와 첫 만남에서 4시간의 시간을 보냈습니다. 제 혼신을 다했기에 후회가 없었고, 이제는 좋은 결과를 기다리면 되었습니다.

오랜 시간이 흐른 후 미국에서 전화가 왔습니다. 연락을 준 사람은 올리버 사장이었고, "축하합니다. 데일카네기 이사회에서 최염순씨를 데일카네기 한국파트너로서 승인을 했습니다."라는 말과 함께 새로운 시작을 약속했습니다. 곧바로 미국에서 데일카네기 트레이닝을 가장 잘 훈련 받을 수 있는 곳을 추천해 달라고 하니, 올리버 크롬 사장은 워싱턴을 추천해 주었습니다.

위싱턴은 본사와 연결시켜준 존 올슨 중령도 근무하고 있는 곳이었습니다. 존 올슨 중령의 배려로 버지니아 그의 집에서 숙식을 하면서 꿈같은 시간을 보냈습니다. 가족과 떨어져 있었지만, 데일카네기 트레이닝 연수는 매일매일이 흥분과 환희의 연속이었습니다. 드디어 1992년 봄, 한국인 최초로 저는 데일카네기 강사자격을 획득했습니다.

저는 그해 5월로 한국으로 돌아와, 6월에 바로 데일카네기 코스 1기 과정을 열었습니다. 한국경제신문에서도 〈데일카네기코스 한국상륙, 폭풍을 일으키다〉라는 제목으로 취재를 해주었습니다. 언론을 타서 그런지 문의 전화도 정말로 많이 왔습니다. 코스가 진행이 되면서 조금씩 데일카네기 코스 붐이 전국적으로 일어나기 시작했습니다.

단순히 개인의 수준에서 머무르지 않고, 한국에서 데일카네기론은 인간경영의 열풍으로까지 커졌습니다. "열정적으로 행동하면, 열정적이 된다." "미래의 사랑이란 있을 수 없다. 지금 고맙다, 감사한다. 사랑한다고 말해 주십시오. 그것이 사랑입니다." 훈련을 받은 분들이 조금씩 자신의 안전지

대를 넓혀 나가면서 사랑을 표현하기 시작하자, 그 분위기가 집단 전체로까지 퍼지기 시작했습니다.

피혁제품을 생산하는 해성아이다의 양영대 사장은 작업복을 입고 직원들과 함께 일을 하면서 직원들에게 "고맙습니다. 든든합니다"라고 사랑을 표현하기 시작했습니다. 동시에 근로자들의 생산성도 올라가 가죽제품의 질이 좋아졌고, 중국 기업과의 경쟁에서 승리할 수가 있었습니다. 교육사업을 하고 있는 에디코의 김영철 대표는 일찍 회사에 나와 1시간 동안 직원들을 위해서 기도를 했고, 이후 출근하는 직원들을 반갑게 맞이했습니다. "좋은 아침, 굿모닝" 대표가 아침 일찍부터 즐거운 분위기를 퍼트리니, 회사 전체의 분위기도 금방 바뀌었습니다. 아웃소싱 전문업체 삼구INC의 구자관 회장은 "여사님 이 추위에 얼마나 수고가 많으십니까? 여사님 덕분에 제가 이렇게 잘 지내고 있습니다"라고 말하며 직원들에게 90도 인사를 했습니다. 그러자 "감동한 직원은 감동한 고객을 창출한다"는 말과 같이, 직원들은 혼신의 힘을 다해서 고객을 감동시키기 위해 땀을 흘리며 일했습니다. 마찬가지로 많은 회사와 공공기관에서도 '미인대칭 비비불(미소 짓고, 인사하고 대화하고 칭찬하자. 비난, 비판, 불평하지 말자)' 운동을 도입하기 시작했습니다.

다양한 분야에서 데일카네기론이 눈부신 변화를 일으키

자, 많은 언론에서도 집중적으로 다루기 시작했습니다. KBS 〈전국은 지금〉, 〈비즈니스 맨 시대〉, MBC 라디오 〈지금은 라디오 시대〉 등 방송국은 물론, 조선일보, 동아일보, 중앙일보, 국민일보 등 많은 신문사에서도 취재 요청이 왔습니다. 그래서 한국경제신문의 "최염순의 성공지름길"을 시작으로 조금이라도 많은 사람들에게 도움이 되길 바라며 국민일보, 영남일보 등 많은 신문에 칼럼들을 기고했습니다.

특강 요청도 들어왔지만, 너무 많이 들어와서 다 소화하지는 못했습니다. 하지만 이제 제가 직접 나서지 않아도 기업과 학교에서 자발적으로 데일카네스 코스에 관심을 보였습니다. 1993년 3월 이랜드 그룹을 시작으로 삼성, 현대, SK, 서울대학교, 감사원, 지식경제부, 서울대학교, 고려대학교, KAIST 등 많은 조직에서 데일카네기 코스를 단체로 도입했습니다. 가장 보람있었던 순간 중 하나는, 1995년 5월 현대중공업 임원진 교육을 성공적으로 마치고 노사분규가 대화로 해결된 원년이 되었을 때입니다. 현대중공업 임원진으로부터 감사 전화도 많이 받고, 사회적인 책무를 다한 것 같아 보람을 느꼈습니다. 카네기훈련을 하는 동안에는 크나큰 보람과 행복을 느낄 수 있었습니다. 직원을 뽑고 훈련을 시키고, 강의를 하면서 4년을 넘게 정말로 정신없이 보냈습니다.

하지만 1996년 초부터 회사의 재정상태가 조금씩 흔들리기 시작했습니다. 지속적으로 매출이 상승했고, 그에 따라 강남지사, 부산지사, 대구지사, 대전지사, 전남지사, 전주지사, 경기지사 등을 오픈하며 계속 투자를 했습니다. 사업이 잘 되었기 때문에 돈을 빌려서 투자를 하기도 했습니다. 그만큼 수입도 많아졌지만, 은행이자를 포함하여 지출이 더 많아지기 시작했습니다. 그래서 저는 약간의 긴축정책을 쓰고 싶었지만, 직원들의 반대로 긴축을 하는 것은 쉽지가 않았습니다.

1996년 여름의 어느 날로 생각이 납니다. 열심히 일하던 제 동료 김동수 소장이 그만두겠다고 했습니다. 함께 많은 고난을 이겨왔던 김동수 소장이었기에, 저는 갑자기 하늘이 노래지는 걸 느꼈습니다. 김 소장에게 "왜 그만둘려고 하느냐"라고 물으며 함께 일해야 하는 이유를 장황하게 이야기하고, 또 하면서 간곡하게 부탁하기도 했습니다. 하지만 그럴수록 김 소장은 완강하게 그만두겠다는 태도를 보였습니다.

저는 급기야 김 소장 집으로 찾아가서 김 소장과 사모님에게 애원했습니다. 이런 제 모습에 김 소장은 어렵게 마음을 바꾸어서 다시 일을 하기 시작했습니다. 안도의 숨을 내쉬기도 잠시, 갑자기 1년 뒤 김 소장을 포함한 회사의 핵심

멤버 5명의 간부가 그만두겠다고 말했습니다.

이번에는 정말 하늘이 무너져 내리는 것 같은 절망과 슬픔을 느꼈습니다. "아니 어떻게 이런 일이 일어 날 수가 있을까? 집을 산다고 해서 대출도 받아주고, 이사 갈 집이 없다고 해서 전세금도 빌려주고, 해외연수도 매년 가고, 직원들의 발전을 위해서 회사는 최선을 다했다고 생각했는데, 어떻게 이런 일이, 어떻게" 나가겠다는 간부직원들과 밤새도록 술을 마시고 또 마시면서 설득을 하고 설득을 했지만 그들의 결심은 너무나도 완강했습니다.

그러니 결국, 결단을 내야 했던 저는 "피할 수 없다면 받아들이자"라는 마음가짐으로, 그들에게 감사의 말을 전하면서 5명의 사직을 받아들였습니다. 아쉬웠지만 그래도 아름다운 이별이었으면 했습니다. 그러나 5명의 간부는 사직을 하자마자 회사 앞 건물에 H사을 차렸습니다. 설마 했지만, 알고보니 그들은 카네기 프로그램과 비슷한 프로그램도 만들어 놓고 있는 중이었습니다. 너무나도 큰 충격을 받았지만, 그래도 저는 정중하게 부탁했습니다. 데일카네기 프로그램은 저작권 등록이 되어있기 때문에 비슷한 프로그램을 내는 일은 피해달라고 전했습니다. 따로 답은 없었지만 저는 그들이 최소한의 예의를 지켜줄 것이라 생각했습니다.

어느 날 직원들이 큰일이 났다고 하며 사무실에 들어왔습니다. H사에서 카네기 프로그램 비슷한 외국 프로그램을 도입하겠다는 소식이었습니다. 그 프로그램은 데일카네기 코스 졸업생이었던 캐나다 신부님이 가톨릭 신자들을 위해서 만든 프로그램이었습니다. 신자를 위한 프로그램으로 만들어서 그런지, 수강료도 데일카네기 코스 교재값 정도였습니다. 그리고 강사진도 역시 전부 자원봉사자들로 구성한다고 했습니다. 내용은 비슷하지만, 가격이 10분의 1수준이라 도저히 경쟁이 안 된다고 불안을 털어놓았습니다. 비상 대책 회의를 했고, 회의를 마치며 저는 직원들에게 다음과 같이 말했습니다.

"100원 주고 코스를 수강해서 100원의 성과를 내는 코스가 있고, 1000원 주고 수강을 하면 10,000원 이상의 성과를 내는 코스가 있습니다. 데일카네기코스는 프리미엄 명품코스입니다. 누가 데일카네기 코스를 수강하든 수강한 사람은 수강료 10배 이상의 성과와 가치를 느낄 수 있습니다. 우리는 다른 코스에 신경 쓰는 대신에 데일카네기코스 가치를 전달하는 데 혼신의 힘을 다합시다." 그들이 교육의 값을 낮추는데 집중할수록, 우리는 데일카네기코스의 가치를 전달하는 데 더욱더 노력을 기울였습니다. 저희의 진심이 통한 것인지, 데일카네기 코스 수강생을 뺏어 간다고 했던 코스는 점점 힘을 잃어 갔습니다.

하지만 불행한 일은 겹쳐서 일어난다고 했던가요? 설마 하던 경제위기 IMF가 대한민국을 강타했습니다. 경제는 곤두박질치기 시작했고, 미국과 일본을 비롯한 선진국들이 자금을 회수하자 급속도로 금융위기가 찾아왔습니다. 외국자본이 썰물 빠지듯이 빠져나가면서 많은 기업들이 부도가 나고, 국가의 회환 보유고는 바닥을 치게 된 것입니다. 저희 역시 예외는 아니었고, 정부는 IMF에 긴급자금을 요청했습니다.

IMF는 한국에 지원을 해주는 대신, 기업의 구조조정과 공기업의 민영화, 자본시장의 추가 개방, 기업의 인수합병 간소화 등 너무나 많은 조건을 내걸었습니다. 하지만 다른 선택지가 없었기에 이 과정에서 너무나 많은 알짜 기업들이 헐값에 외국기업에 팔려나갔고, 많은 기업인들이 몸서리치는 고통을 겪게 되었습니다. 살아남은 회사들도 있었지만, 월급을 줄이고 해고는 하지 않는 방식으로 근근이 운영하고 있었습니다.

카네기연구소도 허리띠를 졸라매면서 버티기로 했습니다. 그러던 어느 날 직원들이 함께 회의를 하자고 요청을 했습니다. IMF 시대에 회사가 어떻게 살아남을 것인가에 대해 직원들도 같이 얘기해 보고 싶어 하는 것 같았습니다.

회의가 진행될수록 다양한 방안이 나왔습니다. 직원들은 그중에서도 월급제에서 성과급제로 하는 방안을 강력하게 추천했습니다. 어차피 회사의 수입이 반감되는 시대에 누군가는 책임을 지어야 회사가 생존할 수 있다는 것이었습니다. 저는 직접 직원들이 나서주는 것이 고마웠지만, 차마 단번에 그렇게 바꿀 수는 없었습니다. 안 그래도 힘든 상황인데, 월급제에서 성과급제로 바꾸면 현실이 더 잔인해질 것이 분명했습니다. 하지만 며칠을 더 궁리해봐도 줄어드는 수입을 막을 수 있는 것은 없었고, 결국 회사의 급료 시스템을 월급제에서 성과급제로 바꾸었습니다.

성과급제로 바꾸고 나니까 예상대로 부익부빈익빈의 현상이 나타나기 시작했습니다. 잘하는 직원은 계속 잘했지만, 못하는 직원은 좀처럼 나아지지가 않았습니다. 직원 간 급료 차이가 점점 벌어지기 시작하며 회사에 묘한 분위기가 생겼습니다. 다행히 회사 입장에서는 수입 감소에도 불구하고 그럭저럭 운영을 해 나갈 수가 있었습니다.

그래도 성과가 부족한 직원들이 불평을 하는 대신에 더 열심히 일을 했다는 것이 천만다행이었습니다. 하다가 결국에 이직을 한 직원들도 있지만, 그만큼 새롭게 좋은 인재들이 들어오기도 했습니다.

이렇게 버티던 저희 회사는 새 정부가 들어서 IMF도 해결되기 시작하자, 다시 정상으로 돌아가기 시작했습니다. 업무도 많아져 다시 이전만큼 바빠지기도 했습니다. 강의하고 영업하고, 강사를 양성하고, 특강을 하는 날들의 연속이었습니다. 그리고 그 바쁜 가운데서도 저는 좀 더 공부해야겠다고 마음을 먹었습니다. 다시 한번 위기가 왔을 때 똑같이 흔들려서는 안 될 것 같았기 때문입니다. 그래서 10년 동안 꾸준히 노력하며 2010년 서강대에서 경영학 박사 학위를 취득했습니다.

사기꾼에게 넘어간 데일카네기 코리아

어느 날부터인가 생각에 잠기는 날이 많아졌습니다. 데일카네기 코리아가 아무런 문제 없이 잘 운영되고 있었기 때문이었을까요? 제가 진정으로 하고 싶은 일은 무엇인지 되새기는 시간이 늘어나기 시작했습니다. 데일카네기 코스와 다른, 저만의 최염순 코스를 만들어 국내에 보급하는 것을 물론이고 데일카네기 프로그램처럼 전 세계에 보급하고 싶다는 욕심이 들었습니다. 그런 생각 때문인지 잘나가던 데일카네기 코리아 매출이 조금씩 떨어지기 시작했고, 결국 미국 본사에서도 어떻게 된 일이냐고 문의를 해왔습니다.

미국 본사와는 두터운 신뢰를 갖춰두었기에, 지난 20년 간 없었던 매출에 대한 이야기가 나오니까 조금은 당황스럽고 섭섭했습니다. 하지만 결과적으로 매출이 떨어졌다는 것은 사실이었고, 제 마음도 싱숭생숭한 것도 사실이었습니다.

결국 제 자신이 진정으로 하고 싶은 일이 무엇인지 하루 빨리 결정을 내려야 했습니다. 저는 그래서 미국 본사에 조심스럽게 라이선스를 제 3자에게 양도하겠다고 했습니다. 본사는 흔쾌히 허락했지만, 데일카네기 라이선스를 받을 적임자를 찾기가 어려웠습니다. 관심이 있는 분들과는 이야기를 나누었지만 큰 진전은 없었습니다.

그렇게 시간만 흐르던 와중, 법원공무원 교육원장을 역임하시고 카네기 평생교육원 원장으로 계시던 김성일 원장님께서 데일카네기코리아를 인수받을 만한 좋은 분이 있다고 소개를 해 주셨습니다. 박 대표라는 사람이었고, 첫인상부터 별로였기에 오랫동안 소중히 가꿔온 데일카네기 코리아를 선뜻 넘기기는 어려운 사람이었습니다.

하지만 미국 경영진들도 얼른 매출을 늘리든 양도를 하든 재촉하고 있었고, 김성일 원장님의 신뢰도 있었기에 결국 박 대표와 진지하게 양도 건을 얘기해 보기로 했습니다. 박 대표는 무려 통장사본 잔고를 보여주면서 자신의 부를 과시하는 사람이었고, 그 모습에 이상한 느낌이 들었지만, 진행시키는 수밖에 없었습니다. 그렇게 계약금 5억 원을 받고, 잔금은 2015년 12월 31일부터 총 5년간 나눠서 지급하는 조건으로 라이선스 양도 계약을 마쳤습니다.

이것은 큰 실수였습니다. 알고 보니 박 대표는 처음부터 회사를 거저먹으려고 하는 사기꾼이었습니다. 2015년 첫 번째 중도금 상환일부터 중도금을 주지 않았습니다. 중도금 지급 요청을 하면은 지금 사업자금이 꼬인다고 하며 조금만 기다려달라고 했다. 당연히 중도금 지급이 안 되면 양도 계약도 취소되는 것이라고 했으나 교묘하게 말을 하면서 지급을 계속 피했습니다. 데일카네기 코리아 직원들과도 얘기해보니, 회사 내부적으로 박 대표에 대해 점점 더 큰 불신을 느끼고 있는 상황이었습니다.

어느 날 김성일 원장님으로부터 다급한 전화가 왔습니다. 박 대표가 공동대표였던 자기를 이사회를 통해서 제명시킨다는 전화였습니다. 저는 양해를 구해가며 우선 이사회에 참가를 했고, 그 자리에서 박 대표는 김성일 원장님을 제명시켰습니다.

박 대표에게 배신당한 김 원장님은 박 대표에 대해 조사를 했는데, 깜짝 놀란 만한 사실을 발견했습니다. 23년간 절친한 친구로 지낸 박 대표가 사기꾼이라는 것이었습니다. 서울대학교 법대 졸업, 회사 설립, 직원들 기숙사 마련, 인도에 투자, 현대 정회장과의 인연, 필리핀 대통령 특별 프로젝트 등 김 원장님이 믿고 있던 모든 것이 전부 다 거짓말이었다고 하셨습니다. 김 원장님은 그런 사기꾼을 소개시켜 준 것에 대해 제게 정말로 미안하다고 거듭거듭 사과를 하셨습니다. 저도 아끼던 데일카네기 코리아가 그런 사람의 손아귀에 넘어간 것 같아 마음이 아팠지만, 김 원장님이 느꼈던 마음의 상처가 훨씬 더 컸던 것 같습니다.

하지만 박 대표의 만행을 막을 방법은 아직 존재했습니다. 박 대표는 정말로 사기꾼 중의 사기꾼이었지만, 중도금을 지급하지 않았기에 저는 박 대표를 만나서 담판을 지었습니다. 2016년 12월 31일 중도금 지급을 하지 않으면 모든 계약이 파기된다는 새로운 계약으로, 박 대표의 서명을 받아냈습니다.

그렇지만 중도금 지급 날짜가 되기 전부터, 2016년 6월부터 직원들이 찾아와서는 데일카네기 코리아를 다시 운영해 달라고 했습니다. 이미 내부에서도 갈 때까지 간 것인지, 직원들은 박 대표를 신뢰하지 않았고, 전원이 사표를 냈다고도 전했습니다. 알고 보니 박 대표는 직원들의 급여와 성과급을 지급하지 않았습니다. 착하고 유능한 직원들이 제대로 된 대접을 못 받는 것이 너무 마음이 아팠지만, 조금만 더 기다려달라고 했습니다.

그리고 2016년 12월 31일, 끝내 박 대표는 중도금을 지급하지 않았습니다. 지급할 능력은 당연히 처음부터 없었고, 심지어 계약금 5억 원도 카네기 라이선스와 사업을 담보로 은행에서 대출을 받았던 것이었습니다. 이 계약금도 사실 중요하지 않았습니다. 제게는 하루빨리 라이선스를 회수해서 망해가는 회사를 정상화시키는 일이 급선무였기 때문입니다.

라이선스를 회수하고, 회사 상태를 점검해보니 정말 엉망진창이었습니다. 수강생들로부터는 강의 시작 전부터 미리 돈을 받아놨고, 그 돈도 막무가내로 못 돌려준다고 하며 화를 냈습니다. 앞서 말한 직원들 성과급은 물론, 수강 취소에 대해서도 환불하지 않은 건도 많았습니다. 계좌가 잘못된 경우도 상당했고 정말 어떻게 이런 사람이 있을까 싶었습니다.

이런 와중에 또 다시 직원 중 핵심 멤버 5명이 회사가 기울자, 본인들이 따로 회사를 미리 설립해놓았다는 청천벽력 같은 소식이 들려왔습니다. 심지어 그들은 데일카네기 라이션스를 자기들에게 넘기라는 기가 막히는 요구도 해왔습니다. 뻔뻔하게도 라이션스 계약금을 지급할 여력도 없으면서 그냥 거의 달라는 식이었습니다. 인간적인 배신감으로 가슴이 너무 아팠습니다.

발 빠른 이들은 이미 미국과 이야기를 해서 서울은 자기들이 운영하고 골치 아픈 서울 이외의 지역은 제가 운영하는 계획을 세워서 미국과 의논을 마친 상태이기도 했습니다. 저는 갈수록 할 말을 잃었고, 분노가 치밀어 올랐습니다. 배가 침몰하는데 자기들만 살려고 하는 모습 같아 애처롭고 불쌍한 마음까지도 들었습니다.

하지만 사업은 현실이었기에, 얼른 저는 미국의 진의부터 파악하기로 했습니다. 미국 본사로 데일카네기에 대한 열정을 담아 장문의 메일을 보냈습니다.

"제 가슴속에는 카네기의 열정이 있습니다. 제가 설립한 데일카네기코리아를 이대로 망하게 놔둘 수는 없습니다. 저는 얼마전에 미국이 권하던 법정 분쟁도 피하며 박 대표와 대화를 통해서 해결을 해왔습니다. 기껏 많은 비용을 치르며 해결한 지금, 다시 한국을 또 둘로 나누어서 라이션스를 주는 일은 반드시 피해야 합니다. 이에 대해 미국 본사의 진정한 의도가 궁금합니다."

그리고 얼마 후, 미국으로부터 회신이 왔습니다.

"데일카네기코리아는 최염순 대표가 단독으로 운영을 한다."

2017년 1월 다시 데일카네기 코리아로 돌아온 저는 본격적으로 회사를 정상화시켜기 시작했습니다. 직원들은 그간 너무 많은 고생과 마음의 상처를 받고 있었고, 5명의 핵심멤버는 결국 자기들의 회사를 차려 우리 고객사를 상대로 집요하게 영업을 했습니다. 너무 많은 일들을 겪은 탓인지 직원들의 행동은 마치 패잔병 같았습니다.

그 아픔을 이해했지만, 현실은 일을 해야 했습니다. 2월부터 데일카네기 최고경영자 과정, 퍼블릭 과정도 오픈하며 새로운 마음으로 일하기 시작했습니다. 직원들은 바로 따라오지 못했습니다. 그래도 저는 묵묵히 일을 했습니다. 그러다 1달, 2달이 지나자 다시 힘을 내서 열심히 일하는 직원들이 하나둘씩 보였습니다. 한 사람 한 사람 함께 힘을 내다보니, 회사도 조금씩 정상적으로 운영되기 시작했습니다.

인생의
먹구름과 황혼

저는 지금도 데일카네기 코리아 회장으로서 최상의 제 자신을 만들어, 매일매일을 감사하고 행복한 생활을 하고 있습니다. 타인에게 영감을 불어넣어 개인을 리더로, 조직을 위대한 조직으로 만드는 일을 즐겁게 하고 있습니다. 데일카네기 코리아도 마찬가지입니다. 전국적으로 다양한 과정을 통해 많은 이들에게 도움이 되고 있습니다. 어느덧 데일카네기 최고경영자 과정 수료자가 4만 명이 넘었습니다. 그리고 그보다 훨씬 더 많은 40만 명 이상이 카네기 코스를 수료했습니다.

저는 데일카네기 코리아에서 일어난 모든 일을 통해, 모든 것이 사람에게 달려있다는 것을 다시 한번 깨달았습니다. 제 자신과 타인을 좀 더 이해하고 사랑하는 마음을 키우기 위해서는, 제 자신의 마음은 물론이고, 다른 사람들의 마음들도 볼 수 있어야 합니다. 서로 자신의 이야기를 하며 친해져야 상대방의 가치관을 이해할 수 있고, 신뢰관계를 구축할 수 있습니다. 사람을 풀면 사업은 저절로 풀리기 마련입니다.

인생에서도 마찬가지로 불행한 일은 누구에게나 일어납니다. 하지만 그것을 이겨내면 더 큰 보상이 있습니다. "불행하지 않은 것이 불행이고, 고통을 당하지 않는 것이 고통이다"라는 말과 같이 아름다운 황혼을 만들기 위해서 많은 먹구름이 있었던 것 같습니다.

카이로스^{Kairos} 시간과 크로노스^{Chronos} 시간

김광태

1995~1997년	한보그룹 특별 사업팀 대리
1998~2007년	ISO 선임 심사원, Country Quality Manager
2008~2011년	UL(Underwriters Laboratory Inc.) Asia Pacific Quality Manager
2011~2016년	UL(Underwriters Laboratory Inc.) Global Quality Director
2016~2021년	UL Korea CMIT (Consumer, Medical, Information Technology) 사업부 General Manager (전무)
2022년~현재	TUV Nord Group 한국 INCOK & TUV Nord Korea 대표이사

시간에 대한
고민

미국 회사를 다니던 중, 저는 문득 '시간'의 개념에 대해 깊게 고민을 한 적이 있습니다. 우리는 모두 공평하게 24시간을 살고 있습니다. 하지만, 이 시간을 어떻게 자기주도적으로 끌고 가느냐에 따라 인생의 과정과 결과가 달라진다는 결론에 이르렀습니다. 그리고 이 개념을 더욱 넓은 범위에 적용시켜 직장과 조직 사회도 달라질 것이라는 생각도 들었습니다.

시간이라는 개념은 두 가지로 나눌 수 있다고 합니다. 첫 번째는 크로노스Chronos 시간입니다. 이 시간은 누구에게나 공평하게 흐르는 물리적이고 객관적인 시간을 의미하는데, 즉 1년 365일, 52주, 1주, 24시간 등의 시간입니다.

두 번째는 카이로스Kairos 시간입니다. 이 시간은 특별한 시간을 포착하여 내 것으로 만든다는 주관적인 시간을 의미하는데, 물리적이고 객관적인 시간이 아닌 주도적으로 만들어가는 시간입니다.

그렇지만 대학을 졸업하고, 28년째 직장 생활을 하고 있는 저에게 이 '시간'을 관리하는 일은 더 쉬워지는 것이 아니라 더 어려운 도전이 되어가고 있습니다. 왜 그런 것일까요? 그 이유를 찾기 위해 저는 그동안의 직장 생활을 돌아보았고, 이 경험이 여러분에게 조금이나마 도움이 되길 바라는 마음에서 정리해 보았습니다.

첫 번째 시간:
실수는 미래를 위한 필수 조건

제 28년 동안의 직장 생활은 크게 3구간으로 나눠볼 수 있을 것 같습니다. 첫 번째 시간은 사회생활을 시작한 '국내 H그룹사에서의 3년'입니다. 가장 소중한 기억의 시간이기도 한데, 이때는 꿈꾸고 목표하는 모든 것이 다 이루어질 것이라는 순수한 자신감이 넘치는 시간이었기 때문입니다. 철없던 자신감 때문에 상사에게 크고 작은 실수로 많이 혼났던 기억이 생생합니다.

좋은 시간도 있었고, 안 좋은 시간도 있었지만, 이 시기에 가장 생생히 기억나는 일화를 하나 공유해 보고자 합니다. 폐기물 매립장 설계에 투입되었을 때의 일로, 저는 팀에서 가장 막내였지만 팀장님이 저를 믿어줬기에 프로젝트에 참여할 수 있었습니다. 저는 매립장 가동 이후 발생하는 침출수의 예상량을 공학적으로 계산해, 매립장 폐수를 모아 폐수 처리장으로 모으는 차집 관거와 관로를 설계하는 업무를 맡았습니다.

프로젝트 기간은 생각보다 충분하지 않았고, 그래서 전체 일정은 굉장히 빡빡했습니다. 저는 이번 기회가 제 실력을 입증할 수 있는 절호의 기회라고 생각하고, 팀의 일원으로 밤낮없이 프로젝트에 몰두해 마감일에 간신히 맞춰 설계 도면을 제출했습니다. 그러나 고객 납기일 일주일 전, 제 실수로 큰 사고가 터지고 말았습니다. 침출수 예상량 산정에 오류가 있어, 차집 관거의 용량이 너무 작게 설계되었던 것이었습니다. 설계 도면 최종 검토회의에서 발견했기에, 관련 설계 도면들을 전부 다시 작업해야 했습니다. 그렇다고 해서 고객 납기일을 미룰 수 없었으니, 팀의 모든 인원이 사무실과 모텔을 오가며 일주일 동안 온 힘을 다해 다행히 마무리는 지을 수 있었습니다.

저는 이때 한 명의 실수가 전체에게 어떤 영향을 미칠 수 있는지 생각하게 되었습니다. 또한, 저는 기회의 이면에는 실패의 위험이 항상 있다는 것을 절실히 느꼈습니다. 이후 저는 주어진 일을 수행할 때 잠재적인 위험을 미리 식별하고 예방하는 습관을 가지게 되었습니다.

이처럼 저는 실수를 통해 많은 것을 배울 수 있었고, 덕분에 그만큼 성장할 수 있었다는 것을 깨달았습니다. 성과든 실수든 계획하고 실행하지 않으면 일어나지 않습니다. 즉, 실수도 결과적으로는 가치 있는 결과입니다. 실수를 통해 무엇이 틀렸는지를 알 수 있고, 다음에는 더 잘할 수 있으니까요. 실수를 많이 할수록 그만큼 성장할 수 있습니다.

두 번째 시간:
새로운 도전을 위한 의사결정

두 번째 시간은 '미국의 안전 과학 회사에서 지낸 24년'입니다. 국내 회사를 다니고 미국 회사로 옮기니, 마치 제2의 사회생활을 시작하는 기분이었습니다. 지사장은 미국인이었고, 규모도 13명으로 상당히 작은 조직이었습니다. 그리고 비즈니스는 물론이고, 조직 문화, 생활 방식 등 모든 것이 새로웠습니다.

적응하는데 어려움도 있었지만, 저는 이 시간을 또 하나의 기회로 생각하며 더 큰 꿈을 꾸기로 했습니다. 저는 제 분야의 전문성을 발휘해, 아시아와 글로벌 책임자로 진출하는 것을 목표로 삼았습니다. 그 꿈을 위해 필요한 마일스톤 Milestone을 알차고 견고하게 수립하여 하나하나 실행해 나아 갔습니다.

계획하고 실행하면, 성공이든 실패든 어떤 결과가 만들어 집니다. 실수해도 크게 여의치 않고, 야심찬 마음가짐으로 주어진 임무에 최선을 다했습니다. 저녁에도 자기개발을 위해 많은 시간을 투자했습니다. 그러면서 하나의 법칙을 갖게 되었는데, 바로 '회사에서 한자리에 최대 5년까지만 머무는 것'입니다.

신기하게도 저는 이 목표를 계속해서 지켜나갈 수 있었습니다. 처음 ISO 심사원으로 시작한 제 경력은, 한국 품질 매니저, CS 매니저, 아시아 태평양 품질 책임자, 비즈니스 유닛 글로벌 품질 조직 책임자, 사업부 글로벌 품질/업무 탁월성 책임자로 이어졌습니다. 아시아 국가들(한국, 일본, 싱가포르, 홍콩, 대만, 중국, 인도)과 미국, 유럽 국가들(영국, 이탈리아, 독일, 튀르키예), 아프리카(튀니지) 지역의 품질 팀을 직접 관리하는 역할은 예상보다 어려웠습니다. 특히나 문화와 생각 방식이 완전히 다른 직원들을 관리한다는 것은 큰 도전이었습니다.

흔히 선진국이라고 불리는 나라의 직원들과의 차이가 기억에 남습니다. 저는 한국에서 태어나고 교육받고 성장한,

전형적인 '한국식' 리더였지만, 미국이나 유럽에서는 새로운 방식으로 일해야 했습니다. 예를 들어 최대한 업무를 빨리 끝내기 위해 촉박하게 마감일을 요구했다가, 거절당한 일도 있었습니다. 현명한 글로벌 리더라면 문화의 다양성을 존중해야 합니다. 그 존중을 기반으로, 지시하는 것이 아닌, 합리적으로 협업하는 리더가 되는 것이 중요하다는 것을 배울 수 있었습니다.

그래도 어려운 도전들은 하나하나 해결해 나가는 재미도 있었습니다. 목표를 자꾸만 되새기는 것도 큰 도움이 되었습니다. 이렇게 다양한 경험을 쌓아온 저는 어느새 회사의 중요한 고객 문제나 내부 품질 문제가 있을 때마다 해결사가 되었습니다. 사실에 근거해 문제를 객관적으로 분석하면, 원인을 '직접 원인'과 '근본 원인'으로 구분할 수 있습니다. 이를 관련 직원들과 열린 마음으로 협력하면, 모든 구성원이 '하나의 팀'으로서 문제 해결에 집중할 수 있습니다.

예를 들어 미국 CVS 고객 문제는 아직도 기억에 남는 일중 하나입니다. 저는 문제를 해결해달라는 부름을 받고, 급하게 비행기를 탔습니다. 공항에서 체크인을 하며 문제에 대해 대략적인 보고를 들었고, 비행기 안에서 문제 해결 프로세스와 팀 워크숍을 기획하고 스토리텔링을 준비했을 때의 긴장과 희열은 지금도 생생합니다. 주어진 시간이 얼마 없었기에, 사무실에서 보다 훨씬 집중하기도 했습니다.

하지만 비행기 안에서의 다른 시간도 기억납니다. 몇 시간 동안 업무를 하다가 잠시 기내식으로 나오는 라면을 먹는 시간도 제게 잊을 수 없는 기억으로 있습니다. 잠시 라면을 먹으며 업무 생각은 접어두고 여유를 즐기며 휴식을 취했습니다.

저는 이후 평소 시간을 두 가지의 시간으로 구분해서 활용하는 습관을 갖게 되었습니다. 일을 하는 시간은 카이로스 시간으로, 기내식 라면을 즐기는 시간은 크로노스 시간으로 여기며 일과 삶의 균형을 맞췄습니다. 이는 회사에서뿐만이 아니라 인생에서 장기전을 치르는데 굉장히 중요합니다.

글로벌 기업의 리더가 되기 위해선 많은 자격이 필요합니다. 그리고 이 자격들을 전부 갖춘 완벽한 리더는 없다고 생각합니다. 저 또한 완벽하지 않았기에 제게 없는 강점들을 가진 다른 팀원들과 강점 시너지Synergy에 초점을 맞춰 성과를 내왔습니다.

말로는 쉬워 보일 수 있으나, 다른 사람들의 강점을 보는 것, 그리고 자신의 약점을 보는 것은 결코 쉬운 일이 아닙니다. 모든 이들은 남들의 강점보다 약점을, 자신의 약점보다 강점을 더 잘 찾기 마련입니다. 그러기에 리더에게 직원들의 강점을 찾는 능력과 그것을 극대화할 수 있는 능력은 무엇보다 중요합니다. 그리고 그럴 때 직원들도 더 열심히 일하게 된다는 것을 저는 수많은 경험을 통해 확인했습니다.

회사는 상황에 따라 필요한 인재를 확보하는데, 이때가 어떤 이들에게는 경력을 키울 수 있는 절호의 기회가 될 수 있습니다. 제게는 새로운 CEO가 취임했을 때가 그 기회였습니다. 새로운 CEO가 오자, 저희 회사는 린시그마Lean Sigma를 통한 새로운 변화를 계획했습니다. 저는 이 과정에서 린시그마 역량이 앞으로의 핵심 역량이 될 것이라 확신하고, 린시그마 자격을 받기 위한 계획을 짜고, 실행에 옮겼습니다.

린시그마 자격은 리머릭대학교 린시그마 프로그램UL University LeanSigma Program이 규정하는 벨트Belt 등급(Green Belt, Black Belt, Master Black Belt)에 따라 자격을 부여받습니다.

미국 데일 카네기 코스 마스터 트레이너 자격 획득 연도 그린 벨트Green Belt를 시작으로 아시아 최초 블랙 벨트Black-belt를 얻었고, 더 나아가 어려운 통계 시험을 통과해야 하는 마스터 블랙 벨트Master Blackbelt까지 달성하게 되었습니다. 심지어 저는 린시그마 주관 부서 소속이 아니었기 때문에, 더욱 회사에서 주목을 받았습니다.

준비된 자가 기회를 잡는다고 합니다. 그리고 기회를 위해 늦은 시간은 없습니다. 저 역시도 급하게 준비할 때도 많았지만, 카이로스 시간에서 최선을 다했기에 바라던 기회를 잡을 수 있었습니다.

목표한 독일 기업
한국 지사 CEO가 되다

세 번째는 현재 소속되어 있는 독일 회사 CEO으로서의 시간입니다. 하지만 이 시간을 맞이하기 전까지, 저는 한 번 더 새로운 도전에 임했습니다. 리더에게 경험만큼 감각적인 도움을 주는 것은 없습니다. 리더가 되고 싶은 욕심은 있었지만 그럴 기회가 없어서 항상 아쉬움만 갖고 있던 도중, 갑자기 마음속 불씨가 타올라 MBA를 시작하게 되었습니다. 그리고 MBA 과정 중 한국의 가장 큰 비즈니스 사업부에 자리가 생겼다는 소식을 들었고, 좋은 경험이 될 것 같아 지원했습니다.

운이 좋게도 선택을 받았지만, 당시 사업부의 비즈니스 상황은 최악이었습니다. 전년 대비 매출 -20%라는 초라한 성적표부터, 직원들도 열의 없이 멍하니 일하는 모습만 보일 뿐이었습니다. 너무 당황스럽고 앞이 깜깜해지는 현실이었지만, 그만큼 새로운 도전이라고 생각해 객관적으로 문제를 분석했습니다.

우선 조직의 체계를 정비했고, 고객 관계에 대해서도 다 같이 재정립했습니다. 이후 5년 성장 전략을 수립했고, 그 성장 전략을 직원들과 공유하고, 실행하는 과정에서 최대한 직원들의 동기부여와 참여가 이뤄질 수 있게 많은 시도를 했습니다. 상황이 좋지 않았던 만큼 제 노력의 결실도 쉽게 나타나지 않았습니다. 하지만 제가 온 지 2년 차가 되었을 때부터, 실질적인 성과와 직원들의 태도가 달라졌습니다. 원래는 주말에 사무실에서 혼자 보냈지만, 같이 일하는 직원들도 보이기 시작했습니다. 그 결과, 4년 CAGR 10% 이상이라는 놀라운 결과를 이뤄냈습니다. 이 기간 동안 한국에 200억 원의 투자가 이루어졌고, 성장전략의 핵심이었던 M&A도 성사시켰습니다.

이렇게 나름 리더로서 성과를 내니, 저는 새로운 목표를 가지게 되었습니다. 그리고 그것은 한국에서 비즈니스 CEO가 되는 것이었습니다. 목표를 세우고, 실행하면 기회는 반드시 온다는 믿음이 있었기에 다가올 기회를 위해 카이로스 시간과 크로노스 시간을 균형 있게 보내며 준비했습니다.

그러다 2021년 4월 어느 날 헤드헌터 회사로부터 메일이 도착했습니다. 포지션은 CEO이었습니다. 약 8개월 동안의 공개 채용 경쟁이었고, 저는 단계별 면접을 거치면서 꼭 CEO의 꿈을 이루어야겠다는 강한 의지를 다졌습니다. 그리고 2022년 1월 3일, 저는 마침내 CEO로서 취임을 하게 되었습니다.

새로운 목표를 세우고, 도전해 결과를 만들어 내는 것은 참 매력적인 일입니다. 세상에 공짜는 없고, 쉬운 일도 없으니, 계획하고 노력한 만큼 결과를 받아들이고 만족하는 것도 중요합니다.

이것은 곧 자기 마음을 지키는 일입니다. 자기 마음을 지킬 수 있는 사람만이 직원들의 마음도 존중할 수 있습니다. 서로의 마음을 존중하는 조직문화에서 큰 성과가 나올 수 있다고 저는 믿고 있습니다.

마지막으로, 저는 리더로서 다음과 같은 소신을 갖고 있습니다.

첫째, 리더의 모든 시간은 직원들을 위한 시간입니다. 그것이 리더의 막중한 책임감입니다.

둘째, 카이로스 시간과 크로노스 시간의 균형이 곧 일과 삶의 핵심입니다. 리더는 자신뿐만 아니라 다른 직원들을 위해서도 이 균형을 지킬 줄 알아야 합니다.

셋째, 당연한 사실을 명심해야 합니다. 성공의 법칙은 간단한 공식으로부터 시작합니다. 지식과 지식이 더해지면 새로운 지식이 되고, 지식과 행동이 더해지면 결과가 나옵니다.

제게는 언제나 신앙의 믿음과 새로운 목표가 있기에, 제 카이로스 시간과 크로노스 시간도 현재진행형입니다. 시간을 어깨에 단단히 짊어지고 자기주도적으로 시간을 끌고 가는 리더야말로 멋진 리더가 아닐까요?

HR Management의 중요성

고제웅

1998~2001년 Head of Organic Chemicals Division in Bayer Korea

2002~2003년 Head of Bayer Chemicals Division in Bayer Korea Ltd.

2004~2005년 Head of LANXESS Division in Bayer Korea

2006~2021년 CEO of Lanxess Korea Ltd.

다양한 회사에는
다양한 직원들이 있다

회사란 여러 종류의 다양한 특성(전공, 성격, 인생관, 지역, 종교 등)을 가진 사람들이 모인 집단입니다. 그러다 보니 회사들도 다양한 사람들에 의해 각자의 특징과 문화를 갖고 있습니다. 이런 상황에서 보통 회사에서는 개개인의 특성을 어떻게 잘 융화하고, 활용하고, 극대화할 수 있을지를 늘 고민합니다.

모든 회사가 같은 고민을 하는 것은 아닙니다. 규모가 작은 기업은, 구인 및 직원 능력 발전에도 최선을 다 해야 하지만, 그 유능한 직원들이 오래 회사에 머물게Retention 하는 데에도 특별한 신경을 써야 합니다.

다국적 기업들의 경우, 지사의 규모가 본사에 비해 대부분 작기 때문에 인력 및 운용이 본사에 비해 제한적이게 되기도 합니다. 14년 동안 운영해온 경험에 의하면 한국에 있는 다국적 회사 지사 경영의 어려운 점 하나는, 구인보다도 유지가 더 어렵다는 것입니다.

이런 와중에도 기업에서는 늘 다른 문제들이 일어납니다. 생산, 판매, 자금, 인사 등 다양한 문제들이 일어나고, 각 직급에 있는 이들이 나눠서 잘 해결하는 경우가 대부분입니다. 아주 특별한 경우를 제외하고는 어느 정도 예측이 가능한 문제들도 있습니다. 하지만 인사, 즉 사람 문제는 조금 다릅니다. 전혀 예상하지 못한 문제가 일어나는 경우도 있고, 중요하고 급하게 필요한 포지션에서 갑작스러운 이직이나 사직이 일어나면 회사 운영에 큰 차질을 빚습니다.

이에 대비하기 위해 기업들에서는 소위 인력수요예측 Manpower Demand Prediction이나 또는 핵심인재육성Succession plan 을 만들어 놓고 상황 발생 시 필요한 인재를 전환 배치시키기도 하고, 또 그에 맞는 교육을 통하여 인재를 키워 나갑니다. 하지만 조직 자체가 작은 기업에서는 이와 같은 공식적인 대응책을 마련하기 어렵고 제한적으로 준비할 수밖에 없습니다.

교체 또는 대체 근무 substitution 역시 흔히 볼 수 있는 대응 방식입니다. 같은 부서 내에서나 다른 특정 부서에서 누군가의 일을 대신할 수 있도록 평소에 업무를 일부 공유해두는 것입니다.

특히 휴가 문화가 발달한 유럽에서는 대체근무제가 잘 확립이 되어 있어서, 어느 정도 규모가 있는 회사에서는 한 직원이 몇 주씩 휴가를 가더라도 업무가 잘 돌아가기도 합니다. 제가 근무했던 독일 회사들의 경우에는 우스갯소리로 직원의 휴가는 신도 못 막는다고도 했습니다. 단, 대체근무제를 확실히 운영하기 위해서는 평소 직원 간 업무를 공유해야 하고, 특히 업무공백 전후로 인수인계가 잘 이뤄진 상태여야 합니다.

작은 기업에서는 어떨까요. 제 경험에 의하면, 대부분 어느 정도까지는 대체근무가 가능하지만, 몇몇 중요포지션(특히 민감한 정보를 다루는 인사 쪽 부분 등)의 대체근무는 업무 특성상 불가한 경우가 많았습니다.

그렇다면 직원들은 왜 이직하거나 사직하는 걸까요? 실제 경우들을 생각해보면 어느 정도 전조가 있긴 합니다. 회사에 대한 불만, 진급에 대한 불만, 동료 및 상사들과의 불화, 정체된 인사, 불투명한 회사의 미래 등이 주된 원인이고, 이는 평소의 근무태도나 일상생활에서 나타납니다.

하지만 피치 못할 개인적인 사정, 뿌리치기 힘든 호조건의 스카우트 제의, 불의의 사고, 그리고 '보복적인' 갑작스러운 사직 등 전혀 예측이 불가능한 경우도 종종 있습니다. 그리고 작은 조직에서 이런 일을 겪을 경우, 그 포지션을 빠르게 대체하거나 고용하는데 어려움을 겪습니다.

우리 회사에는
우리 회사에 맞는 방식으로

이는 한국에서 대부분의 노동법이 근로자에게 유리하게 되어 있고, 특히 이직이나 사직의 경우 사직서 제출 후 단지 4주라는 기간만을 회사에 허용하기 때문입니다. 작은 기업이 그동안 대체 인원을 구하고, 인수인계까지 하기는 거의 불가능합니다. 저희 회사의 경우, 직원 채용할 때 직원이 현재 다니고 있는 회사가 직원의 이직에 충분히 대처할 수 있도록 이직 기간을 배려하고 있습니다. 또 인수인계 역시 완벽하게 하고 올 수 있도록 독려하고 있습니다. 잘 떠난 사람이 새로운 곳에도 잘 적응할 수 있다고 생각합니다.

한국에서 같은 업계는 생각보다 좁기에 누군가에 대한 나쁜 소문은 생각보다 빠르고 넓게 퍼집니다. 침 뱉은 우물 언제 다시 마실지도 모르니 어떤 업계에서든 좋은 새출발을 응원하는 것이 바람직합니다.

사장으로서는 직원이 떠나는 것에 대해 어떻게 대처해야 할까요? 교과서적으로 말하면 평소에 대책을 마련해놓고, 급한 상황일 때 가능한 모든 자원을 활용해 즉각 대처해 회사의 운영에 차질이 없도록 해야 합니다. 하지만 앞서 말했듯이 각 회사의 특징은 모여 있는 개개인들에 의해 결정되기 때문에 우리 회사가 어떤 회사인지도 알아야 합니다. 그러기 위해선 그러기 위해서는 평소 직원들과는 물론 회사밖의 사람들과도 활발하게 교류해야 합니다.

사장 개인 뿐만 아니라 기업의 철학과 관행에 대해서도신뢰를 쌓을 수 있어야 합니다. 사장에 대한 긍정적인 평판이나 신뢰도는 직원 및 기업 전체의 평판에 영향을 미칩니다. 신뢰가 없어진 기업은 아무리 월급을 높게 준다고 해도좋은 인재들이 가지 않습니다.

이런 여러 점들을 고려해서 평소에 직원들에 대한 지속적인 관심과 사랑이 필수이고, 이 역시 사장의 임무중의 하나입니다. 하지만….

유비무환,
평소에 대비해야 합니다

만약 회사의 중요 포지션 전혀 예측하지 못한 직원의 급작스러운 이탈이 일어난다면, 어떻게 해야 될까요? 이직 사유가 무엇인지도 모르게 이직 면담은 물론, 정확한 인수인

계도 아닌 단지 법적인 책임을 피하기 위해 몇 장만의 메모를 '인수인계서'라고 적어두고 떠나면 어떻게 해야 할까요?

이것은 실제로 제가 있었던 일로, 오늘까지도 저는 그 직원이 왜 그렇게 회사를 떠났는지를 알 수가 없습니다. 근무 평가도 좋았고, 적어도 제가 아는 한 회사와 갈등도 없었고, 동료 직원들과의 관계도 원만했던 직원이었는데 역시 사람 속은 정말 알기 어려운 것 같습니다. 우수한 직원이었지만 법적인 책임을 피하기 위해 적은 '인수인계서' 메모 몇 장를 남기고서는, 그날부터 그 직원과의 연락이 모두 단절되었습니다.

이 답답한 상황을 설명한들 누가 이해해줄 수 있었을까요. 하지만 그것보다 우선 당장 급한 회사의 업무를 처리해야 했습니다. 여러 대응책을 강구하던 중 다행히도, 앞서 말한 것처럼 평소에 대응책을 준비해 두었기에, 이전에 같이 일하던 직원에게 연락을 하기로 했습니다. 개인 사정으로 떠났지만 유능했고, 이 상황을 도와줄 것 같은 믿음이 있었습니다.

앞뒤 생각 안하고 그 다음날 점심 약속을 잡았고, 솔직하게 모든 상황을 설명하고 도와줄 수 있는지를 타진했습니다. 제 얘기를 들은 그 직원은 군말 한마디 없이 "도와드리러 가겠습니다"라고 답했고, 이 말을 들었을 때 제가 느낌 안도감, 해방감은 잊을 수 없습니다. 그리고 덧붙여 잠시 도와주는 것이 아니라, 아예 이직으로 결정하겠다는 말까지 들으니 더할 나위 없이 기뻤습니다.

공식적인 이직 전부터, 이 직원은 자원해서 주말에도 홀로 나와 어떤 상황인지 파악했습니다. 인수인계는 없었지만, 이 직원이 합류하면서 저희는 짧은 시간 내로 모든 것을 정상화시킬 수 있었습니다. 8, 9년이 지난 지금도 선뜻 이직을 선택해준 그 직원에 대한 고마움은 절대 잊을 수가 없습니다. 다시 저를 도와준 이 직원은 그 이후로도 훌륭하게 회사와 성장하며, 아주 좋은 평판으로 남편과 사업을 같이 이끌어가는 것은 물론, 육아도 훌륭히 하고 있다고 합니다.

예상치 못하고 급한 위기를 무사히 모면할 수 있었던 것은, 평소에 위기가 생기면 어떻게 해야 하는지 생각해왔기 때문이라고 생각합니다. 또한 회사에 대한 신뢰가 튼튼했기에 그 직원 역시 아무런 망설임 없이 이직을 결정하게 해줬을 것입니다.

씨앗을 뿌리지 않고는 결실을 거둘 수 없습니다. 위기에 필요한 해결책은 위기가 닥쳤을 때 준비하면 너무 늦어버립니다. 평소에 대응책을 강구해두고, 회사의 철학을 건실하게 유지해 신뢰도 꾸준히 쌓아두어야 합니다. 회사를 이끌고 있는 입장이라면, 어떤 문제가 생길지, 또 어떻게 대응해야 할지 자주 생각해보시길 바랍니다.

좋은 회사는
직원과 함께 이겨냅니다

이번 사례는 조금 안타까운 사례입니다. 추석을 맞아 고향에 내려간 직원이 교통사고로 갑작스럽게 사망했다는 소식을 들었습니다. 음주운전도 아니었고, 젊은 직원이었기에 충격도 크고 마음도 더욱 아팠습니다. 그저께까지도 인사를 하던 젊은 직원의 얼굴이 떠올랐고, 그 다음에는 젊은 직원의 부인과 자식이 떠올랐습니다.

갑자기 세상을 떠난 상황이 아직도 믿겨지지는 않았지만, 제일 우선 남은 가족을 위로하고 최선을 다해 살폈습니다. 그 다음으로는 당장 추석 이후 어떻게 업무에 공백이 없게 할 것인지를 강구해야만 했습니다.

평소라면 좀 더 마음을 살피고, 천천히 해결했겠지만 당시 조금 위험한 계약을 해둔 상태였습니다. 지금에 와서 생각하면 위험이 너무 크고 불평등한 계약이간 했지만, 그만큼 돌아오는 이익도 컸습니다.

만약 우리 회사가 원료를 제때에 공급을 못해 다른 과정에 차질이 생긴다면, 그로인한 모든 손해를 배상해야 한다는 무지막지한 조건이었습니다. 최악의 경우 백만 달러에 가까운 돈을 물어내야 했던 것으로 기억합니다.

다행히 서로가 서로를 대신해 근무할 수 있는 대체근무제를 상태였지만, 곧바로 다른 직원을 투입하기는 어려웠습니다.

그렇다고 직원들을 탓할 수도 없는 상황이어서 거래처에 협력을 먼저 구하기로 했습니다. 추석 연휴가 끝나자마자 무거운 마음으로 당시의 상황을 설명했고, 이런 갑작스런 상황에 같이 공감해주며 거래처도 선의로 협력해주기로 했습니다. 생산계획 및 판매일정까지 조정해주며 새로운 일정을 협의했고, 이제 저희가 실력을 보여줄 차례였습니다.

직원들의 사기를 최대로 끌어올리는 것은 물론, 본사와도 협력해 원료공급을 위한 모든 방법을 모색했습니다. 직원의 빈자리는 하나였지만, 회사 전체가 그 자리를 대체해서 근무했습니다. 그리고 몇 주간의 엄청난 노력 끝에 일정에 맞춰 모든 원료를 납품할 수 있었습니다.

살다보면 누구를 탓할 수도 없는 사고가 일어나기 마련

입니다. 그럴 때일수록 모두가 함께 그 슬픔을 딛고 일어설
필요가 있습니다. 하지만 무작정 도와달라고 했을 때 선뜻
손을 내미는 사람은 없습니다. 평소에 성실한 모습을 보여
주며 준비를 해둬야 신뢰가 쌓이고, 그래야 예상치 못한 위
기가 발생했을 때 같이 이겨낼 수 있습니다.

사람은
옮겨 다니며 산다

박양춘

1984~1987년	현대중공업
1988~1999년	LG산전 해외영업 중동지사장
2000~2011년	오티스엘리베이터 부사장 시그마엘리베이터 중국사장
2012~2019년	티센크루프엘리베이터 사장
2020~현재	티센크루프엘리베이터 회장

남들이
가지 않은 길

저는 36년 동안의 직장생활을 마치고 2019년 말에 퇴임을 했습니다. 그중 대표이사 10년을 빼면 나머지 26년이 남고, 임원으로 보낸 6년을 제외하면 나머지 20년이 남게 됩니다. 이 시간이 제가 직원으로 근무했던 시간입니다. 20년 동안 직원으로 근무하면서 저는 특이하게도 한 부서(또는 업무)에 2년 이상 근무한 적이 없었습니다. 최소한 10개 이상의 다른 업무를 해왔던 것입니다.

근무부서를 나열해보면, 첫 직장인 현대중공업에서 3년 반 동안 총무부, 외자구매부, 국내영업부, 해외영업부를 거쳤습니다. LG산전으로 옮겨간 후에는 해외영업부에서 10개 품목 이상을 해외개척하는 일을 맡았으며, 국내영업팀장, 사업전략팀장, 신제품개발 및 판매팀장, 서비스지사장, 이집트지사장, 제품마케팅, 서비스마케팅, 품질보증실장, 리모델링영업, 서비스사업부장, 중국 총괄사장 등을 맡았습니다.

몇 줄 안 되는 것 같지만, 그래도 꽤 많은 자리를 거쳐 온 것 같습니다. 직장에서만 그런 것이 아니라 저는 어려서부터 여기저기 옮겨다니는 것이 운명이었던 것 같습니다. 여러분들에게 이 직책의 이름들은 사실 별로 의미가 없을 것입니다. 하지만 그 사이에 제가 겪은 일들은 앞으로 다양한 직장과 업무를 겪게 될 여러분들에게 조금이나마 도움이 되었으면 합니다.

"나무는 옮기면 죽고 사람은 옮겨야 산다"라는 말이 있습니다. 여러 군데에서 활동한 사람일수록 큰일을 할 수 있음을 비유하는 속담입니다. 직장을 다니다보면 이직을 해야 하는 순간이 오게 됩니다. 회사와 방향이 안 맞거나, 더 나은 조건의 회사로 옮기거나 등 다양한 이유가 있습니다.

저 같은 경우에는 자발적으로 부서를 옮긴 일도 많았지만, 제 의사와 상관없이 조직의 배치에 따른 일방적인 발령도 많았습니다. 이직과 마찬가지로, 승진과 급여인상 역시 직장인들에게 중요합니다. 잦은 부서이동으로 어떤 불이익을 감수해야 했고, 그것을 어떻게 극복했는지, 또 마지막 CEO로써 10년 재직할 수 있었던 방법에 대해 나름의 노하우를 공유해보고자 합니다.

궁즉통,
궁하면 통한다

직장을 다니시는 분들이라면 아시겠지만, 직장에는 출세나 승진이 비교적 쉬운 요직이 있습니다. 반대로 대학졸업자들이 기피하거나 진급이나 출세를 단념해야하는 부서들도 있습니다. 요즘은 많이 없지만 과거에는 이 간극이 더욱 심했다고 생각합니다. 예를 들어, 임원 직속에 속한 전략 팀이나 아이디어와 전문성이 많이 필요한 마케팅 부서 등은 비교적 인사고과도 잘 받고 따라서 승진이나 급여인상폭도 높게 받을 수 있지만 현장직원(또는 기능직원)을 다수 거느린 업무는 상대적으로 승진이 불리한 것이 일반적입니다.

저의 경우는 어땠을까요? 앞서 말한 것처럼 한 부서에서 평균 2년 정도 근무를 했기 때문에 인사고과를 잘 받기가 어려웠고, 진급도 자주 탈락했습니다. 특출하게 똑똑한 것도 아니었고, 다른 부서로 전출을 가는 다른 직원들에게 기회를 양보하다보니 억울하지는 않았습니다. 일에 큰 불만이나 어려움을 느낀 것은 아니었습니다. 하지만 이런 일이 자주 축적되다 보니, 결국 남들의 시선을 의식하지 않을 수 밖에 없었습니다. 기뜩이나 진급이 불리한데, 자주 이동하게 되니 자존심이 상하기 시작했습니다. 그리고 어느새 정신을 차려보니 동기들보다 최소 3년은 뒤처지게 되었고, 1995년에 저는 국내영업팀장을 하다가 A/S팀장으로 좌천되었습니다.

여의도나 서울의 번화한 생활을 만끽하면서 지내던 제가 영등포의 허름한 30여 평 남짓한 3층 건물에 오게 되자, 마치 다른 나라로 온 것 같았습니다. 사무실은 대로변도 아닌 뒷골목에 있었고, 내부 역시 이전의 깨끗하고 고급진 느낌과 다르게 정말 모든 구석이 엉망진창인 상태였습니다. 이런 곳에서 60여명에 달하는 A/S기사들이 물밀 듯이 들어왔다 나가고를 반복하고, 시끌벅적하게 떠들고 또 시끄럽게 독촉이나 항의 전화를 받고 하는 상황이었으니 미칠 노릇이었습니다.

같이 일하는 사람들도 이전과는 딴판이었습니다. 해외 및 국내 영업을 하고 있었을 때는 한 팀에 3~4명씩 각자 주어진 일을 하는 것이었고, 팀장을 맡게 되더라도 같은 방향을 향해 고민하면 되는 것이었으니 어렵지 않게 잘 맞춰갈 수 있었습니다. 하지만 이곳은 달랐습니다. 여기서 보통 팀장은 나름 오랫동안 기술적인 이론이나 경험을 갖춘 이들이 맡았지만, 저는 경영학 전공생으로서 앞으로의 커리어가 별로 반갑지 않아 열심히 일할 마음도 들지 않았습니다.

다행히 어떤 위기에도 '궁즉통窮則通, 즉 궁하면 통한다'이라는 말처럼, 그에 걸맞은 기회는 있었습니다. 남들이 기피하는 업무에서는 두각을 나타내는 리더는 거의 없습니다. 즉, 이러한 상황에서도 일을 개선하거나 능력을 발휘하면 금방 인정받을 수 있는 기회라고 여겼습니다.

저희 팀의 업무는 주로 담당 건물의 엘리베이터 상태를 점검하거나, 고장 나면 수리를 하는 것이었기에, 제가 할 수 있는 역할은 별로 없어보였습니다. 하지만, 그만큼 인원도 많고 하는 일이 거칠다보니 사람들끼리 다투는 일이 잦았습니다. 개개인이 아니라 팀으로서 단합이 부족한 상황이었습니다.

저는 이것이 팀장으로서 해결해야 하는 문제라는 것을 직감했습니다. HR^{Human Resource, 인적 자원}에 집중하기로 하며, 저는 일주일에 서너 번은 삼삼오오 모일 수 있는 술자리를 자주 만들었습니다. 처음에는 서로 시선이 너무 달랐기에 어색한 순간도 많았고, 참석하는 인원도 많지 않았습니다. 하지만 사람과 사람 사이가 다 그런 것이니, 최대한 자주 자리를 만들며 사람들의 얘기를 듣고 또 친분을 쌓았습니다. 서로 다른 입장의 사람들이 모이니 몰랐던 부분들도 알 수 있었습니다.

90여 명에 달하는 직원들, 특히 현장직원들에게는 사무실에 전달되지 않는 다양한 얘기가 있었습니다. 일하면서 겪는 그들의 애로사항, 노동조합에 이해, 리더십의 중요성, 사람과의 관계 등 저는 A/S팀장으로 있으면서 현장에서만 깨달을 수 있는 것들을 알게 되었습니다. 그렇게 수개월 동안 팀원들과 얘기를 하니 그들의 입장이 점점 이해가 갔습니다. 그만큼 직원들도 저에게 마음을 열어주었고 저희 팀의 단합도 갈수록 끈끈해져갔습니다. 정말 둘도 없는 기회였고, 특히 이때의 경험은 이후에 제가 10년 동안 CEO로 있으면서 많은 도움이 되었습니다.

업무도 다르고, 사람들도 생소한 팀에 갑작스럽게 들어가는 일은 흔치 않습니다. 하지만 누구나 겪을 수 있는 일입니다. 꼭 팀장 자리가 아니더라도 말입니다. 이직을 했더니 예상과 다른 분위기를 마주칠 수 있고, 또 사람과 사람 사이의 문제는 어느 팀이나 겪는 HR 문제입니다.

이런 문제를 맞닥뜨렸을 때 그냥 외면하고 일만 할 수도 있지만, 저는 더 부딪쳐보길 권합니다. 서로 이해를 못한다고 해도 최소한 다른 사람의 시선은 알 수 있으니, 밑져도 본전입니다. 더 많이 얘기해보고, 무엇이 다른지 더 많이 비교해보시기 바랍니다. 팀끼리 서로 진심으로 이해하게 된다면, 그 팀의 생산성은 누구도 따라오지 못할 만큼 성장할 것입니다.

엘리베이터 사업의
판도를 바꾸다

좌천된 경험은 이 뿐만이 아닙니다. A/S팀장으로서 잘 해 내 국내영업으로 복귀해 승승장구할 수 있는 사업부장(전 무)의 직속인 국내사업전략팀장을 맡고 있었지만, 한순간에 서비스사업부 신생팀으로 좌천 발령을 받은 적도 있습니다. 시기는 1999년 말로, 이때 우리나라의 IMF발 경제 위기로 인해 LG에서 사업을 매각해 미국 회사 오티스Otis로 소속이 바뀌고 난 이후였습니다. 당시 저는 사업전략팀장으로서 아 시아 지역 총괄 사장 밑에서 사업 부장을 대신해 자주 영어 로 발표를 하는 등 나름 실세로서 명세를 떨쳤었습니다. 하 지만 제 본래 업무가 아닌 다른 이의 업무에 끼어든다는 평 가가 있었는지, 갑자기 서비스 사업 신생팀으로 좌천이 나 듯이 발령이 난 것입니다. 그냥 통역만 했어야 했는데 욕심 을 부려 제멋대로 답까지 해버려 화를 입은 것입니다.

이것은 제가 국내기업과 외국기업의 보고 문화의 차이를 몰랐기에 일어난 일이었습니다. LG의 경우에는 만약 사장 에게 보고할 일이 있다면, 그 보고는 사업부장이 하는 것이 아니라 사업부장 지속의 팀장이 하는 분위기였습니다. 반면 외국 기업에서는 직급에 상관없이 무조건 책임자가 직접 발표 및 보고하는 문화였습니다.

좌천당할 때의 저는 40대 초반이었고, 부장 중에서도 꽤 고참인 경력자였기에 이직하거나 다른 선택지가 마땅치 않았습니다. 해외영업도 해보고, 영어 실력을 뽐낼 수 있는 외국 기업에서 근무해서 나름 출세할 수 있는 기회였지만, 좌천 발령은 완전히 회사를 그만두라는 뜻처럼 느껴지기도 했습니다. 결국 저는 엘리베이터 서비스사업부 영업관리팀장으로 발령이 났습니다.

문제는 이 팀이 팀원도 하나 없는 신생팀으로서, 지금까지 아무도 해본 적이 없는 새로운 과제를 맡게 된 것입니다. 업무에서도 큰 변화가 생겼습니다. 기존의 방식으로는 현장기사가 엘리베이터 A/S와 더불어 영업계약까지 모두 하는 형태였지만, 앞으로는 영업전문가가 모든 영업을 하게 되었습니다. 저는 새로운 방향에 맞게 영업전문가들을 채용하고 육성하는 방식을 맡게 되었고, 그 당시에 혁신 중에 혁신이었습니다.

기존에 현장기사가 하던 업무들을 분리하려니 새로운 영업사원이 100명 정도 필요했습니다. 그런데 이 비용을 어디서 가져오느냐가 문제였습니다. 고객으로부터 돈을 올려 받는 것인지 아니면 내부를 더 효율적으로 바꾸는 방식으로 충족시킬 것인지 이에 대한 의구심이 팽배한 상황이기도 했습니다. 당시 업계에서 이런 분리된 형태는 최초의 시도였고, 이후 5~6년 뒤에 경쟁사들이 도입한 방법이었습니다.

어쨌든 제가 할 일은 같이 팀에서 일할 신입사원을 뽑아 팀을 꾸려나가고, 더 나아가서는 전국의 A/S팀에서 영업 업무를 맡을 사원들을 채용하고 육성해야 했습니다. 혼자서 북 치고 장구 치는 것처럼 일하니, 입사 동기들과 제 자신을 비교하게 되었고 속상한 마음도 들었습니다. 근무하고 싶었던 해외영업에 입사했지만, 국내영업으로 발령 나고, A/S팀장을 하고, 다시 국내영업에 복귀했지만 또 다시 아직 아무도 가고 싶어 하지 않는 서비스사업 신생팀으로 발령 나다니. 새로운 도전을 하는 것이 도움이 된다는 것은 알았지만 동시에 자존심도 크게 상했습니다.

그렇지만 그만두는 일은 비겁한 일 같았습니다. 지금까지 수많은 기회를 동기들에게 양보했고 이제는 제가 그 기회를 잡을 차례였습니다. 다른 길도 없었기도 했고요. 그래서 저는 3년 동안 온힘을 다해 성과를 내보자고 다짐했습니다. 매년 신규 영업사원들을 30명씩 채용하며 전국에 배치했고, 교육을 실시했습니다. 처음에는 효과가 눈에 띄지 않았습니다. 하지만 영업사원들의 수도 늘어나고, 이들의 노하우도 쌓이자 곧 이익 측면에서 성과를 드러냈습니다. 새로 엘리베이터를 파는 것보다, 저희 팀이 일으킨 변화가 더 매력적인 사업 체제를 만들어낸 것입니다.

과거를 발판 삼아
눈부신 성과를 이루다

17년이 지난 2012년, 저는 티센크루프Thyssen Krupp AG 엘리베이터의 CEO로 오게 되면서 이 경험으로부터 많은 도움을 얻을 수 있었습니다. 티센크루프는 과거 동양엘리베이터를 인수한 독일계 회사로, 업계에서는 강성 민주노총 금속노조로 파업을 밥 먹듯이 하는 회사로 유명했습니다. 또한 저에 대해서도 강력하게 경계하는 모습을 보였습니다. 아마 부임하자 경쟁사에서 온 본인의 치부를 위해서 온 사장이라고 생각했던 것 같습니다.

제가 CEO로 부임한지 약 2년 뒤, 2014년에 결정적인 사건이 하나 터졌습니다. 노조전면파업이 37일간 이어면서 회사가 거의 파산 직전까지 가게된 것입니다. 강경한 노조원들의 태세를 쉽게 꺾을 수 없었고 회사의 입장도 무시할 수 없었습니다. 하지만 앞서 겪은 A/S팀장으로서의 경험이 이때 아주 큰 도움이 되었습니다.

당시 티센크루프의 직원 3분의 2이상이 A/S 기사였습니다. 팀장으로 있으면서 저는 그들이 어떤 마음으로 있었는지 알고 있었고, 최대한 그들의 입장에 공감하며 대화를 시도했습니다. 물론 노조도 처음에는 허울뿐인 말인 것처럼 의심했습니다.

그래서 저는 더욱더 구체적으로 대화를 시도했습니다. 이전에 들은 일화들도 활용해가며 그들의 마음을 조금씩 열었습니다. 그들도 서서히 경계심을 풀었고, 저희는 진정한 대화를 할 수 있었습니다. 노조원들에 대한 진정한 이해와 협의를 거쳐 교섭 타결을 이끌어낼 수 있었고, 더 나아가 회사의 분위기도 완전히 새롭게 만드는데 큰 역할을 할 수 있었습니다.

결과적으로 지난 8년간 티센에서 매출 2배, 이익 13배, 직원들의 급여 50% 인상 등을 이뤄냈습니다. 만약 제가 임원들에게만 의존하고, 직접 현장을 이해하려고 하지 않았더라면 이뤄내지 못할 성과였을지도 모릅니다.

그동안 잦은 부서이동으로 심적 고통이 크긴 했지만, 새로운 도전을 즐기는 일에 있어서 남들이 가지 않은 길을 기회로 여기고 창의적 사고를 발휘해보는 일은 큰 자산이 됩니다. 요직만을 거치는 것보다 다양한 경험을 한 사람이 결국 이긴다는 사례로 뿌듯하게 소개하게 되었습니다. 덕분에 저는 10년 동안 CEO로 장수하면서, 그동안 업계에서 이뤄내지 못했던 성과를 낼 수 있었습니다.

리더는
문제를 피하지 않는다

손종만

1988~2010년	삼성전자 및 일본삼성 구매그룹장
2011~2019년	(주)지니틱스 대표이사
2017~2019년	(주)서울전자통신 대표이사
2018~2019년	(주)OKPOS 총괄사장
2015~2020년	산자부 한국반도체산업협회 이사
2020년~현재	(주)TXD코리아 대표이사

정면 돌파가
답이다

2015년 12월 23일, 제 인생에서 기억에 남을만한 대형사고가 났습니다.

반도체를 생산하던 저희 회사는 더딘 성장으로 고심하고 있었습니다. 저 역시도 사장으로서 고민이 많았고, 당시 휴대폰 배터리 폭발사고로 몸살을 앓던 삼성전자에게 제품공급을 확대할 기회를 노리고 있었습니다. 삼성전자는 막대한 품질 비용과 이미지 실추로 힘들어하고 있었지만, 침울한 분위기 속에도 그간의 실추된 이미지를 완벽한 신제품으로 뒤집겠다는 결의가 기업 전체를 감싸고 있었습니다.

그러다 어느 날 삼성전자는 '무결점 휴대폰 A시리즈'를 2016년 1월 1일에 출시한다고 전 세계에 대대적으로 알렸습니다. 그리고 그 A시리즈의 부품으로 저희 회사의 터치반도체가 채택되었습니다. 때마침 좋은 기회를 얻게 된 우리 회사는 매우 고무되었고, 삼성전자와 마찬가지로 더더욱 철저히 설계하고 정성을 들여 생산에 온 힘을 쏟았습니다.

다행히 예정대로 2015년 말에 초도 납품을 마무리 지을 수 있었습니다. 저는 희망찬 내년을 기약하며 가벼운 마음으로 가족들과 함께 연말 해외여행을 떠나기로 했습니다. 그런데 이튿날 아침, 회사 번호로 계속 전화가 와서 받아보니 전화기 너머로 다급한 목소리가 들렸습니다. 비록 극소량이었지만, 첫 납품 중 불량품이 있다는 소식이 들렸습니다. 그 순간 푸르디푸른 오키나와의 바다가 노랗게 변해갔습니다. "오랜만의 아빠와의 여행이 어쩐지 술술 잘 풀리더라…"라는 가족들의 불평을 뒤로한 채 우선 호텔로 혼자 돌아와 다시 전화로 상황을 제대로 파악했습니다.

급하게 분석해본 결과로 불량 가능성은 0.07% 미만(700ppm)이었고, 회사 내부의 의견은 분분했습니다. "불량품의 양이 워낙 미미하기 때문에 덮고 넘어가자" "품질 문제로 인식하기 어려울 정도의 불량이니 조용히 기다려 보자" "휴대폰의 출시가 이미 공표되었는데 지금 와서 문제를 일으킬 수는 없다" "전 세계에 난리가 나고 우리 회사도 죽는다" 등등 갑론을박이 오갔습니다.

휴가를 접고 즉시 돌아가는 것은 당연했고, 다음날 아침에 회사로 출근하니 임원들이 아직도 새파랗게 질린 얼굴로 대책회의를 하고 있었습니다. 일단 모두를 진정시키고 불량품이 늦게 발견된 원인 규명부터 들어갔습니다. 오후가 되어서야 원인을 찾아냈고, 문제는 불량품을 어떻게 검출해내느냐는 것이었습니다. 즉, 검출 프로그램을 새로 짜고 방법을 강화하면 이후 출하될 부품의 불량 문제는 해결할 수 있었습니다.

그 다음엔 전체적인 상황을 파악했습니다. 다행히도 고객사도 아직 시장에는 출시하지 않고 생산만 시작한 중이었죠. 한시름 잠시 놓을 수는 있었지만, 저희 앞에 닥친 더 큰 문제는 고객사에 있는 완제품, 생산중인 제품 그리고 부품 상태로 생산대기 중인 약 100만 개가 넘는 막대한 불량혼재 부품들을 어떻게 하느냐는 것이었습니다.

미세한 차이로 소비자가 사용하는 중에는 문제가 나타나지 않을 수 있다는 분석 결과에 대해서도 얘기를 나눴습니다. 임원들은 저만 쳐다보고 있었고 침묵만이 가득했습니다. 중요한 선택의 순간이었습니다. 운이 좋길 바라면서 모르쇠로 일관할지, 고객사에 사실대로 말할지 결정해야 했습니다. 사장으로서 가장 외롭고 힘든 순간이었습니다.

"우리로 인해 고객사가 한 치의 피해를 보아서는 안 된다. 또 기업은 나쁜 이익을 취해서는 오래가지 못한다. 정면 돌파만이 답이다." 저는 주저하지 않고 임원들에게 이야기했습니다. 그리고 바로 고객사에 전화를 걸어, 마침 퇴근하기 직전이던 개발과 구매부서의 최고 임원에게 출시를 전면 중단해야 한다고 전했습니다.

'무결점 휴대폰'이라는 이름으로 내일모레 출시하는 제품에 불량요소가 있다니, 예상대로 고객사 전체에 난리가 났습니다. 가뜩이나 배터리 폭발사고 여파가 가시지 않은 시기였던 터라 더 큰 일로 받아들였으리라 생각됩니다.

비상 상황이니, 문제 해결을 위해 고객사 전체가 재빠르게 움직였습니다. 휴대폰을 생산하는 삼성전자의 해외 공장 직원들도 창고의 완제품부터 생산 공정상에 있는 반제품까지 전부 선별 작업에 투입되었습니다. 나중에 들으니, 고객사의 국내외 관련부서 전 직원들이 이 일로 인해 연말 휴가를 포기해야 했다고 합니다. 저희 회사에도 고객사의 관련부서 직원들이 대거로 몰려와 점거하다시피 모두 사태 해결에 여념이 없었습니다. 회사존립의 기로에 서있다는 생각에 저도 일주일을 회사에서 거의 뜬 눈으로 보냈습니다.

다행히 문제는 해결되었고, 신제품 역시 약속한대로 '무결점으로' 1월 3일에 세상에 나왔습니다. 시장에 나간 후에도 품질 문제는 없었습니다. 그러다 그로부터 2개월이 지날 무렵 고객사에서 호출을 받았습니다. 고객사 측도 이런 일을 다시 겪고 싶지 않았기에, 저는 고객사 임직원 30여 명 앞에서 재발 방지 대책을 발표하고, 경고장을 받고 품질 각서를 쓰는 수모를 겪기도 했습니다.

해결비용도 결코 가볍지 않았습니다. 하지만 만약 불량의

가능성을 숨겼다면 어떻게 되었을까요? 저희가 자발적으로 문제를 신고한 것이 아니라, 만약 시장에 어느 정도 출하가 되고 나서 문제가 발견되었다면 어떻게 되었을까요? 단지 고객사와 저희의 문제가 아니라, 전 세계에서 대한민국 대표 휴대폰을 문제 삼았다면 정말 끔찍한 일이 벌어졌을 것입니다. 회사는 도산했을 테고, 글로벌 휴대폰 1위 기업인 고객사는 물론 대한민국의 품위도 떨어졌을지도 모를 일입니다.

이후, 저희 회사는 '무결점 품질'을 추구하는 것에 더 집중했습니다. 몇 개월 지나 모든 것이 좀 안정되니, 잡아먹을 듯하던 고객사도 저희에게 점차 우호적인 태도를 보여줬습니다. 일단 품질문제를 먼저 성실하게 신고했고 또한 스스로 잘못을 인정하고 같이 문제를 책임지는 모습이 더 큰 신뢰를 만들어준 듯했습니다. 거래 물량도 서서히 늘어나기 시작했고, 회사 내부적으로도 이 일이 전화위복의 계기가 되지 않았나 하는 평가도 많았습니다. 폭풍같이 위험한 일이 지나갔지만, 결국엔 품질관리의 중요성을 회사 전체가 절감하게 되었으니 말입니다. 이 마음을 꾸준히 이어가니, 고객사의 품질 시스템 순위평가에서도 130여 개 반도체 공급사 가운데 수개월 동안 연속 1위를 이어 나갔습니다.

1994년 반도체 회사 인텔은 어느 교수로부터 신규 CPU에 연산오류가 있음을 지적받은 적이 있었습니다. 인텔은 큰 문제가 아니라고 변명했지만 문제는 계속 생겨났고, 심지어 이 결함을 출시 전에 인지하고 있었다는 사실까지 밝혀지면서 걷잡을 수 없는 사태로 번졌습니다. 주가는 폭락했고 CPU 전량을 회수하는데 약 5억 달러의 손실이 발생했습니다.

도요타도 역시 2009년에 가속페달의 결함이 발견되었을 때, 신속하게 대처하지 않지 않고 변명으로 일관했습니다. 결국 일가족 4명이 사망하는 참사가 일어나고 말았고, 5개월이 흐른 뒤에야 전면 리콜을 결정했습니다. 그 대가는 더 혹독했습니다. 리콜 조치 비용으로 대략 25억 달러를 지불해야 했고, 더 큰 문제는 전 세계 소비자들의 신뢰를 잃었다는 것입니다.

문제가 발생했을 때 초기 대응을 잘못하면, 막대한 손실이 일어난다는 것을 명심해야 합니다. 신뢰는 한번 잃으면 회복할 수 없습니다. CEO라면 작은 실수에도 확실히 책임을 지며 대응할 수 있어야 합니다. 초기 대응에 따라 회사 전체의 신뢰에 영향을 줄 수 있고, 순간의 손해를 보더라도 피하지 않고 정면돌파하는 것만이 답이라 생각합니다.

포기란
없다

1999년 말에 저는 삼성전자 정보통신부문 총괄 주재원으로 일본의 도쿄에 있었습니다. 당시 휴대폰들은 대부분 수명과 사용시간이 짧은 니켈배터리를 사용하고 있었습니다. 그리고 일본은 때마침 모양을 자유롭게 디자인할 수 있고 폭발위험도 적으며 충전용량도 큰 폭으로 늘어난 리튬배터리를 개발 및 생산하기 시작했습니다. 당연히 수요는 폭발적이었습니다. 지금은 우리나라도 세계적인 수준의 배터리 제조 기술을 보유하고 있지만, 당시만 해도 리튬배터리는 일본만의 전유물이었습니다. 전 세계의 모든 휴대폰 기업들이 일본으로부터 배터리를 공급받는 상황이었습니다.

삼성전자는 당시 전 세계 휴대폰 생산기업 가운데는 10위권 밖에 머물러 있어 그다지 주목을 받지 못하는 후발업체였습니다. 처음에는 일본 도시바의 리튬배터리 신제품을 사용했지만, 도시바가 미국의 최대 휴대폰 제조업체였던 퀄컴에 우선적으로 배터리를 공급하기로 결정해버렸습니다. 그래서 배터리 수급이 쉽지 않았고, 열흘 넘게 생산라인이 멈춰있던 날도 있었습니다.

당시에는 리튬배터리 확보가 휴대폰 제조사들의 순위를 결정지을 만큼 중요한 일이었습니다. 이런 상황에서 주재원으로서 저의 최우선 미션 가운데 하나가 리튬배터리 확보였습니다.

하지만 일본에 적응하는 일은 쉽지 않았습니다. 일본에 도착한 후, 아파트의 지하주차장을 계약하려고 하는데, 분명 비어있는 자리가 있음에도 관리인이 자꾸 자리가 없다고 하는 것이었습니다. 외국인이라 지불능력에 의심을 품는 것 같아서, 당당하게 법인, 그것도 삼성에서 사용료를 지불할 것이라고 말했지만 의외로 쌀쌀한 반응을 보였습니다. 표정을 보니 삼성을 들어본 적이 없는 듯한 표정이었습니다. 그런 시기에 저는 일본에서 그들을 설득하고 결과를 만들어내야 했습니다.

그러던 중, 미국 스프린트 통신사에 판매한 모델이 좋은 반응을 얻어, 예측 수량보다 3배나 늘어난 양을 공급해야하게 되면서 리튬배터리 확보에 비상이 걸렸습니다. 생산라인을 멈추게 했던 트라우마 때문에 그 모델에는 도시바 대신 소니의 배터리를 채용해 놓은 상황이었지만, 소니의 리튬배터리도 생산량이 그렇게 많지는 않았습니다. 차장 직급을 달고 일본 주재생활을 하던 저는 어떻게든 수량을 확보해야만 했고, 2주에 걸쳐 소니의 영업부서 간부와 사업부장, 공장장을 쫓아다니며 증량 방법을 찾아봤습니다. 하지만 원하는 물량에 30%나 모자란 상황이었습니다.

그래도 방법이 전혀 없는 것은 아니었습니다. 한 달 30일 가운데 8일은 휴무일이니, 토요일과 일요일에도 공장을 가동하면 필요한 수량을 채울 수가 있을 것 같았습니다. 곧바로 소니 공장장에게 간곡히 부탁했지만 노조의 승인 없이는 주말 근무가 불가능하다는 답변만 돌아왔습니다. 그렇다고 여기서 물러날 수는 없었습니다. 어떻게든 이 기회를 잡아야만 전 세계 시장에서 삼성 휴대폰의 판도를 바꿀 수 있다고 생각했습니다. 이 모든 것이 제게 달려 있다고 생각하니 떨려서 잠이 오지 않았습니다. 지금 이 상태가 최선이라는 공장장의 말만 믿고 가만히 있을 순 없었습니다. 방법은 하나뿐이었습니다. 노조 문제를 해결해줄 사람은 사장뿐이라고 판단했기에, 소니의 사장을 만나야겠다고 결심했습니다.

다음 날 저는 소니의 부장에게 사장을 직접 만나게 해달라고 요청했습니다. 당시에는 한국의 대기업 임원이 일본의 대기업 부장을 만나는 것도 영광일 정도로, 일본 기업이 한국 기업을 아래로 내려다보던 시절이었습니다. 실제로도 소재와 부품, 핵심기술에서 격차가 크기도 했습니다. 이런 상황이니 상대방도 아연실색하며 저를 말렸습니다. "반대로 납기문제로 일개 간부가 삼성전자의 Y부회장을 만나겠다고 하면 만나게 해주겠냐"고 으름장을 놓을 정도였습니다.

그러나 사운이 걸려 있는 데다 워낙 급박한 일이라서 예의와 절차를 따질 겨를이 없었습니다. 곤란하다면 직접 사장실과 협의할 테니 이해해 달라고 하며, 소니 사장 비서실에 전화를 걸어 지금까지의 사정을 간략히 얘기하고 다음 날 아침에 10분만 자리를 만들어 달라고 부탁했습니다. 완곡한 거부의 대답이 돌아올 뿐이었지만 저는 출근 시간만 알려주면 어떻게든 무조건 찾아갈 생각이었습니다. 소니 사장의 출근 시간은 8시이지만, 9시부터 전 세계와 연결한 경영전략회의가 있다고 알려주었고, 회의 리허설 때문에 시간을 내는 게 불가능하다고 했습니다.

시간이 없었습니다. 짧게 핵심만 뽑은 스피치를 준비해 다음 날 아침 7시에 무작정 소니 사장실로 찾아갔습니다. 비서실장과 1시간가량 실랑이를 벌이다 결국은 사장을 만나게 해주겠다는 승낙을 받아냈습니다. 당시 세계 1위의 전자제품 메이커였던 해외 글로벌 대기업의 회의실에서 사장을 기다리며 느낀 적막함의 무게를 지금도 잊을 수 없습니다.

5분 후 10명이나 넘는 사람들이 들어왔습니다. 경영전략회의에 참석할 임원들이었습니다. 사장의 얼굴을 보자마자 저는 마음속으로 계속 되뇌던 이야기를 바로 내뱉었습니다.

"사장님, 대단히 죄송합니다. 저는 한국의 삼성전자에서 온 차장 손종만입니다. 우리 회사의 CEO가 찾아와야 할 사항이지만, 긴급한 상황이어서 CEO에게 보고하고 제가 올 수 밖에 없었던 상황을 너그러이 용서해주십시오. 제게는 소니와 삼성이 동반성장할 방안이 있습니다. 소니의 공급량도 3배 늘어날 것이고, 우리 회사도 한 단계 도약할 수 있습니다. 한 번만 노조를 설득해주십시오. 그리고 이 회의가 끝나면 공장으로 갈 테니 책임자들을 모아주십시오."

5분 안에 할 말을 다 했지만, 무례한 침입을 받았다는 듯 뻐딱하게 앉아서 이야기를 듣고 있던 사장은 천천히 회전의자를 돌려 앉으며 입을 열었습니다.

"우리 회사를 사랑하고 발전할 방안까지 제시하니 고맙소. 그 두 가지만 들어주면 되겠소?"

소니 사장의 결정으로, 다행히 배터리를 원활하게 공급받을 수 있었습니다. 그리고 우리 회사의 제품들 역시 약속대로 미국 시장에서도 많이 판매할 수 있었습니다.

나중에 전해들은 바로는 그는 전 세계로 연결된 글로벌 경영회의에서 저를 '당돌한 차장'이라고 부르며 이렇게 이야기했다고 합니다. "자신의 회사에 대한 책임감으로 밤새워 고민하고 밤잠을 설쳐 안을 만들어, 대담하게 거대 글로벌 기업의 사장실로 쳐들어와 흐트러짐 없이 명료하게 도와달라고 조를 수 있는 간부가 우리 회사에는 몇 명이나 있겠느냐?"

미국의 ISM^{Institute for Supply Management, 자재공급관리협회}은 직원의 애사심과 주인의식이 회사 성과를 5% 이상 바꾼다는 연구 결과를 발표한 적이 있습니다. 소니 사장실에서 제가 뿌린 씨앗은, 글로벌 스마트폰 시장에서 기업이 더 탄탄한 자리를 잡는데 작은 밑거름이 되었을 것이라고 믿어 의심치 않습니다.

비즈니스를 하다 보면 불가능해 보이거나, 절체절명의 상황이 오기 마련입니다. 그래도 밤새워 고민하며 솟아날 구멍을 찾아야 합니다. 간절히 꿈꾸고 포기하지 않으면 반드시 긍정적인 결과를 만들어낼 수 있습니다.

21일의
법칙

연말 고객과 술을 마시고 계단을 내려오다 미끄러져 팔이 부러진 적이 있습니다. 부러진 팔 관절에 볼트를 박는 큰 수술을 받았고, 끊어진 신경 때문에 팔을 전혀 움직이지 못하는 상태로 2주간 병원 신세를 져야 했습니다. 팔에 깁스를 하고 있었으니 애연가였던 저는 흡연실은커녕 화장실을 가기도 쉽지 않았습니다. 갈수록 담배 생각에 현기증이 나고, 마음은 안절부절, 밤에는 좀처럼 잠도 오지 않았습니다.

주렁주렁 허공에 매달린 약병들이 혈관으로 이어져 있었지만, 어쩔 도리가 없었습니다. 생각을 다른 데로 돌리고 잠을 청하기 위해서라도 병상에 누워 이런저런 책들을 펼쳐 보았습니다. 그 가운데 하나인 『성공의 법칙』에는 다음과 같은 얘기가 나옵니다.

『성공의 법칙』의 저자인 맥스웰 몰츠Maxwell Maltz는 의학은 물론 생리학과 심리학에도 조예가 깊은 의사입니다. 기업가, 운동선수, 세일즈맨 등 다양한 분야에서 성공한 사람들을 분석하면서 그는 '성공의 조건'을 이론화했습니다. '21일의 법칙'도 그의 이론 가운데 하나로서, '무슨 일이든 같은 시간에 같은 양을 반복하면 습관이 된다'라는 통설에서 출발합니다. 몰츠는 습관을 만드는 데, 즉 우리 뇌가 새로운 행동에 익숙해져서 습관이 되기까지 21일이 걸린다고 설명합니다. 여기서 더 나아가 반대로 지금까지 늘 해오던 습관도 마찬가지로 21일 동안 하지 않으면, 그것을 하지 않는 새로운 습관이 만들어진다는 것입니다. 꾸준히 무엇을 하는 것뿐만 아니라 꾸준히 하지 않는 것도 습관이라는 의미입니다.

이 이론을 접했을 때, 때마침 저는 열흘 동안 담배를 입에 대지 못하고 있었습니다. 11일만 더 참으면 30년이나 성공하지 못한 금연을 습관으로 만들 수 있는 것 같은 호기심이 생겼습니다. 흥미를 느낀 저는 실험을 해보기로 했고, 이번에도 실패하면 더 이상 금연에 대한 미련을 버리기로 다짐했습니다.

담배의 유혹은 갈수록 심해졌지만 마침내 11일이 지나니, 신기하게도 니코틴에 대한 그리움이 사라졌습니다. 흡연자로 들어왔다가, 금연자로 병원을 나서게 된 것입니다. 이후 지금까지 피운 적은 물론, 담배를 피우고 싶다는 생각은 단 한 번도 들지 않았습니다. 흡연자들이 많은 술자리에서조차도 담배 생각이 나지 않을 정도가 되었고, 가족들도 담배를 끊은 저를 자랑스럽게 생각해주고 있습니다.

의지만 있다면 어떤 습관이든 21일 만에 만들 수 있습니다. 포기만 하지 않는다면 할 수 없는 것은 없습니다. 단지 하지 않을 뿐입니다. 비즈니스에서도 마찬가지입니다. 조직을 이끄는 리더로서 저는 솔선수범을 보이며 자기관리의 습관을 보여주었습니다. 꼭 사업에서의 성공이나 실패만이 중요한 것이 아닙니다. 스스로를 가꾸는 작은 습관을 관리하는 것도 좋은 리더의 조건입니다.

부대가
작사 · 작곡

군 시절, 저는 강원도 철원 골짜기 3사단 백골부대 예하 부대에서 근무했습니다. 통신대대와 정비대대가 함께 있던 부대로, 상병 즈음에 육사 출신의 부대장이 새로 취임했습니다. 패기 넘치는 모습으로 부대를 점검하던 그분은, 부대의 정체성을 잘 살려줄 부대가가 필요하다고 느껴, 부대가를 공모해서 군의 사기를 진작하고자 했습니다. 무려 포상은 10일간의 휴가였습니다.

음악에 큰 소질은 없었지만, 포상에 끌려 부대가 공모에 도전해보기로 마음먹었습니다. 그래도 어려서부터 노래를 좋아해서, 악보만 있어도 따라 부를 수 있었고, 대학교 때에도 잠깐이나마 음악 밴드 동아리 활동을 한 적도 있었습니다. 백지 한 장에 오선지를 그려, 군복에 넣고 다니며 조금씩 만들기 시작했습니다. 고참의 눈을 피해, 짬이 날 때마다 오선지를 꺼내고, 흥얼흥얼 허밍을 하면서 곡을 쓰고 가사를 붙였습니다. 정기휴가 직전에 다행히 완성을 해, 노래를 제출하고 정기휴가를 다녀왔습니다.

하지만 휴가에서 복귀를 하고 나니, 부대가 난리가 났습니다. 무슨 일인지 물어보니 외부 심사 결과 제 노래가 부대가로 선정되었다는 이야기 때문이었습니다. 면회 오기도 힘든 오지 중의 오지에서 무려 10일간의 휴가를 받다니. 후임들과 선임자들의 질투 섞인 부러움을 받으며 또 다시 포상휴가를 떠났습니다.

부대장은 부대가의 중요성을 더욱 강조하려는 듯 구보나 총검술 등의 성적을 평가하는 전투지휘 검열에도 부대가 항목을 포함시켰습니다. 그것도 단체합창 항목을 심사하겠다는 계획을 세웠습니다. 복사기도 없던 시절이라 먹지에 부대가 악보를 베껴 옮기며 각 부대에 보급할 수밖에 없었습니다. 그 때의 시큼한 잉크 냄새는 지금도 아련합니다. 노래를 만든 저는 심사위원장이 되기도 했고, 소령까지 노래를 지도해 달라고 빵과 음료를 사들고 일개 상병을 찾아오기도 했습니다.

그리고 시간은 흘러 27개월의 내무반 생활이 끝났습니다. 대학에 복학하고, 대기업에 입사로 사회생활은 시작되었고, 주재원으로 해외에 파견되기도 하면서 정신없이 살았습니다. 어느새 30여 년의 세월이 흘러 나는 중소기업의 경영자가 되었고, 한 여인의 남편이자 두 딸의 아빠가 되어 있었습니다. 부대가는 서서히 잊혀져가는 하나의 추억이 되어가고 있었죠.

어느 날 문득 부대가 생각이 떠올랐습니다. 깜짝 이벤트로 가족들에게 자랑도 할 겸 의도적으로 가족들과 철원으로 놀러 갔습니다. 산정호수를 다녀오는 길에 부대를 들리기로 했고, 반겨주는 내무반장에게 귤 한 상자와 초코파이 두 상자를 건네며 부대가를 흥얼거렸습니다. 내무반장은 깜짝 놀라며 그 노래를 어떻게 아느냐고 물었고, 저는 제 자신을 그 노래를 직접 작사·작곡한 장본인이라고 소개를 했습니다.

딸들 앞이라 살짝 의기양양한 마음도 있었는데, 돌아온 내무반장의 대답은 당황스러웠습니다. 부대가의 작곡자는 악보가 전해지지 않아 공식적으로는 미상이지만, 다들 잠깐 그 부대에 머물렀던 '잊혀진 계절'의 가수가 작곡한 것으로 알고 있었습니다. 그저 미상도 아니고, 다른 사람이 작곡했다니! 피가 거꾸로 솟는 기분이었습니다. 저는 그럴 리가 없다고 나섰지만 가족들이 금방 창피해하며 말렸습니다. 딸들의 보챔과 내무반장의 이상한 시선을 뒤로 하고 발걸음을 돌릴 수밖에 없었죠.

집에 돌아와서 전역 앨범을 뒤져 보니, 다행히 악보 원본이 한 장 남아 있었습니다. 제가 원작자임을 증명하기 위해 부대장이라도 만나야겠다고 생각했습니다. 문제는 민간인이 군인, 그것도 부대장을 만날 방법이 막연하다는 것이었죠. 또 다시 바쁜 일상을 보내야 하는 것도 있었습니다. 그래서 결국 길이 먼 철원에 갈 엄두를 내지 못한 채 시간은 또 그렇게 흘러갔습니다.

하지만 제 머릿속에는 '작자미상, 타인의 부대가'라는 말이 떠나질 않았습니다. 자식 하나를 강원도에 방치해 놓은 찝찝한 기분이 자주 들었습니다. 하지만 저는 결코 포기하지 않는 사람입니다. 가끔 틈만 나면 방법을 수소문했고, 그러던 중 드디어 부대장을 만날 기회가 찾아왔습니다. 전화로 그간의 사정을 간략히 얘기하고 증빙할 물건도 보여줄 수 있다고 설득했습니다.

드디어 만날 날이 되었고, 눈 덮인 강원도를 차로 달려 저녁 무렵 구철원에 도착했습니다. 백골부대가 운영하는 식당에서 초조하게 기다리자 이윽고 간부를 대동한 부대장이 도착했습니다. 그리고 그간의 얘기가 시작되었습니다. 부대장의 말로는, 퇴임한 당시 주임원사에게 어렴풋이 물어보니 부대가는 모 가수가 아니라 밀양 사투리를 쓰는 병사가 만들었다는 이야기를 들었다고 했습니다. 저는 준비해간 낡고 닳은 등사지 악보원본을 내밀었고, 이를 본 부대장과 간부들은 신기해하며 "히야~ 이거 부대 유물관에 보관해야할 물건인 걸"하고 탄성을 자아냈습니다. 그 날의 만남이 인연이 되어, 저는 부대가의 원작자로서, 부대에서 다시 정훈 강연을 부탁 받기도 했습니다.

그로부터 얼마 후 제 인생 이야기를 들어줄 부대를 위해 선물로 운동기구와 악보 원본, 대형부대가 악보를 담은 액자 3개, 그리고 '28년 만의 외출'이라는 이름의 강연을 준비해갔습니다. 인생에서 군생활의 의미에 대해 이런저런 이야기를 나누고 강연을 잘 마무리했습니다.

이 일은 이미 30여 년이 지난 일이기도 했습니다. 저도 그렇고 부대 역시도 바쁜 일상을 보내고 있었을 것이고, 그냥 넘어갈 수도 있었습니다. 하지만, 이것도 하나의 역사라고 생각하니 잘못을 바로잡을 필요가 있다고 느꼈습니다. 부대가의 원본 악보는 28년간 제 앨범에서 잠자고 있었지만, 우리 집이 아니라 부대에 있었어야 했습니다. 28년의 외출을 끝내고 복귀한 악보처럼, 저도 철원을 떠나 일상으로 복귀했습니다. 그제야 일을 마무리했다는 생각에 기쁨이 전신을 흘러 넘쳤습니다. 온통 눈밭이었던 철원에는 그날도 더 많은 눈이 하늘과 땅을 덮고 있었습니다.

경영자들은 보통 일에 관한 얘기만 하곤 합니다. 하지만 요즘에는 직원들과 교감을 이루기 위해 감성에 대해서 얘기할 수 있어야 합니다. 명화 얘기를 오갈 때에는 마네의 '인상'인지 모네의 '인상'인지 정도는 알고 있으면 좋지 않지 않을까요? 일과 미팅에 바쁜 경영자들도 책이나 음악, 예술 등에 취미를 가져보면 자연스레 넓은 시야를 가질 수 있습니다. 그리고 저처럼 인생에 한번쯤은 재밌게 얘기할 수 있는 일들도 일어날 것입니다!

리더는
무엇을 책임지는가

심재수

1978~1998년	(주)퍼스텍 연구소장 상무이사, (주)텔레비디오코리아 연구실장
1998~2016년	외국기업 (주)에프케이엠 대표이사 사장(일본 후지쓰그룹 한국 자회사)
	(주)청호컴넷 금융사업부문 총괄사장 (일본 후지쓰그룹 투자)
2020년~현재	(주)방주 CMO

청년의 자산은 타이밍,
때를 놓치면 고통이 따른다

저는 진로에 대한 고민을 대학 졸업을 앞두고서야 시작했습니다. 병역의 의무가 숙제로 남아 있던 저로서는 방위산업체 입사가 최선인 상황이었습니다. 그러려면 기본 자격 요건인 전공 관련 국가기술자격증을 취득해야 했고, 첫 목표를 잡았습니다.

그러나 그동안 대학 생활을 뚜렷한 목표 없이 보냈기에, 제대로 준비가 안 된 상태였습니다. 여름방학이 되자마자 허겁지겁 짐을 싸고 집중하면서 공부할 곳을 찾아 나섰고, 친구 덕분에 진천 청룡사 골짜기 암자에 머무를 수 있었습니다. 2개월 남짓 벼락치기로 바로 시험 준비에 들어갔고, 다행히 국가기술자격증 시험에 합격할 수 있었습니다. 졸업전에 창원공단에 있는 방위산업체인 중견기업으로 조기 입사를 한 것에, 나름의 성취감도 느꼈습니다.

하지만 기쁨은 오래가지 않았습니다. 회사의 핵심 기술과 제품을 개발하는 부서에 배치되었는데, 회사의 기대만큼 실력을 갖추지 못했다는 생각에 마음이 점점 불안해졌습니다. 일주일이 멀다하고 기술적인 해결 과제를 주는데 도저히 시도해 볼 엄두조차 나지 않았습니다. 벼락치기로 공부해서 그런 것도 있었겠지만, 대학 시절을 뚜렷한 목표 없이 보내서, 특히 전공과목들을 소홀히 한 시간들이 후회스러웠습니다. 대학 때 배운 기초학문이 현장에서 얼마나 중요한지 매번 절감할 정도였습니다. 그러나 이미 시계를 돌릴 수는 없는 법. 상사의 기술과제 지시를 받을 때마다 조마조마하고 불안한 마음만 들 뿐이었습니다. 일류대학을 나왔다는 자부심은 온데간데없어지고 마음도 자신감도 점점 위축되어갔습니다.

갈수록 실력이 없다는 것을 더 숨기고 싶었습니다. 때로는 주말에 고속버스를 타고 서울에 있는 모교를 찾아가서 조교에게 과제(숙제)를 부탁한 적도 부지기수였습니다. 서울에 가지 못하면 창원과 가까운 마산에 있는 모 대학 교수를 찾아 가기도 했습니다. 그만 두고 싶은 마음도 자주 들었지만, 병력특례로 입사했기 때문에 그만두면 14일 안에 군대를 가든지 다른 병력특례기업을 찾아야 하는 상황이기도 했습니다.

'다시 군대를 갈까?' '다른 직장으로 옮겨서 새롭게 시작할까?'

당장 불안한 마음을 피하고 싶은 나머지 온갖 생각이 꼬리에 꼬리를 물었습니다. 그러던 어느 날, 기술부사장이 저를 불렀습니다.

"자네 역할이 뭐지?"

"개발 엔지니어입니다."

"그럼 자네, 가진 기술이 뭔가?"

"…"

저는 아무 말도 못하고 고개를 푹 숙일 수밖에 없었습니다.

"밤낮으로 노력해서 실력을 더 키우도록 하게, 우물을 옮긴다고 깨진 바가지에서 물이 안 새겠는가?"

전부 맞는 말이었습니다. 제 속을 훤히 들여다보듯 정곡을 찔린 기분이었습니다.

상황을 피한다고 해서 해결될 문제가 아니었습니다. 오히려 그때가 실력을 갖출 수 있는 마지막 기회였습니다. 아무리 힘겹다고 해도 여기서 돌아서는 건 비겁한 일 같았습니다. 그래서 직원들이 모두 퇴근하고 나면, 빈 사무실에서 우선 전공과목을 다시 공부하기로 했습니다. 적막한 사무실에서 혼자 새삼스레 전공과목을 공부한다는 게 조금 부끄러웠지만, 그래도 아무도 없어서 차라리 다행이라는 생각도 했습니다. 휴일에도 사무실에 나와 대학 때 소홀히 했던 전공과목과 실험실습을 다시 해보기도 했습니다. 며칠 동안 퇴근도 안하고 밤을 새우는 일도 잦았습니다.

그러던 중 어느 날 인사부장이 심각한 표정을 지으며 제게 물었습니다.

"며칠째 무단결근한 이유가 무엇인가?"

밤을 새가며 회사에서 공부하고, 연구 및 개발하고 잇는데 무단결근이라니. 어리둥절해진 저는 그제야 그동안 제가 출퇴근 타임카드를 미처 찍지 못했다는 걸 떠올렸습니다. 주변 동료들은 업무가 그 정도로 힘드냐며 놀라기도 했습니다. 동료들은 제 사정을 몰랐을테니, 정말 웃지 못 할 해프닝이었습니다.

하루는 동료들과 술을 마시고 늦은 시각에 귀가하던 날이었습니다. 하필 그 날 고향의 어머니께서 하숙집에 다니러 오셨는데 몹시 언짢아 보였습니다.

"회사 일은 너 혼자 하는 거냐?"

"네가 없으면 회사가 안 돌아가냐?"

"농사일 도와줄 시간은 없어도 술 마실 시간은 있는 게로구나."

사정을 모르시는 어머니께서 어찌할 겨를도 없이 역정을 내셨으나 죄송스럽고 마음이 아팠습니다. 몇 개월째 찾아뵙지 못했더니 섭섭하셨을 터였습니다. 혼자 농사일을 감당하시며 고단했을 어머니 마음은 당연히 짐작이 갔습니다. 그렇지만 제게 정말 중요한 시기였기에, 단호한 결정을 내렸어야 했습니다.

"어머니! 농사일에도 때가 있듯이 제게는 지금이 그때입니다. 지금 실력을 갖추지 않으면 회사에서 인정받기 어렵고 성공할 수 없습니다."

모든 일에는 타이밍이 있고, 타이밍을 놓치지 않은 것이 곧 자산이란 걸 전 깨달았습니다. 제 말을 들은 어머니는 더 이상 아무 말씀이 없으셨고, 그 후로 두 번 다시 같은 말씀을 꺼내지 않으셨습니다.

중요한 시기를 목표 없이 보내거나, 때를 놓치고 준비를 소홀히 하면 반드시 고통이 따릅니다. 하지만 그 고통스러운 시간도, 다음 기회를 위한 준비 기간이 될 수 있습니다.

최초의 한글 한자 단말기, 포기하지 않는 것이 실력이다

꾸준히 공부하고, 열심히 일하니 어느덧 전공분야에도 자신이 생기고 업무에도 익숙해져 갔습니다. 그동안 회사는 주력 사업인 방위산업 분야뿐만 아니라 사업 다각화적인 측

면에서 일반 민수사업을 새롭게 검토하고 있었습니다.

마침 구미에 있는 한국전자기술연구소(현 전자통신연구원 I)에서 국내 최초로 첨단 신기술인 소형컴퓨터용 마이크로 프로세스 세미나를 개최한다는 공문을 받았습니다. 세미나에서는 새로운 이야기들이 오갈 것이 분명했기 때문에, 저는 여름 휴가를 반납하며 워크숍에 참가했습니다. 돌이켜보면, 이 세미나에 참석한 것은 제 인생에 큰 변화를 가져온 선택이었습니다. 세미나에서 저는 새로운 비전과 진로를 찾을 수 있었고, 회사의 연구 개발 방향을 정하는 계기도 만날 수 있었습니다.

세미나에서는 마이크로프로세스 기술을 배울 수 있었고, 이를 응용한 하드웨어와 소프트웨어로 실력을 쌓기 위해 밤낮없이 몰두했습니다. 인텔사에서 제작한 SDK-85(System Design Kit-인텔 8085)로 실험실습을 하고, 회사에 돌아와서 완전한 제 기술로 만들기 위해 전력을 다했습니다. 기존의 기술을 다루는 데는 부족했지만, 최첨단 기술에서는 선두주자가 될 수 있는 기회였습니다. 그리고 마침내, 제가 중심이 되어 컴퓨터용 한글 한자 단말기와 프린터(도트매트릭스 인쇄기)를 국내 최초로 개발하게 되었습니다.

제게는 입사 초기에 실력이 없어 좌절했던 시간이 자극제였습니다. 때로는 도망치고 싶거나 포기하고 싶었고, 기본기가 충분하지 않아 좌충우돌한 시간도 많았지만 오히려 그 시간들이 소중했습니다. 스스로 포기하지 않은 것이 곧 도전의 시작임을 알 수 있었기 때문입니다. 언제나 새로운 기회는 다시 찾아옵니다. 이기는 힘은 누군가를 이기려 하기 보다는 자기 자신을 이기려고 할 때 최대치를 발휘합니다.

80년대 초에 개발했으니, 국내에 범용 컴퓨터가 막 보급되던 시기와 맞닿아 당시 기술의 최첨단을 이끌게 된 것이기도 했습니다. 한글정보처리 기술은 아직 역시 영어권이나 일본어권의 외국산 제품을 개조해서 사용하던 수준이라서 이제 스스로의 한계를 뛰어넘어 새로운 기술을 만들어야 했습니다.

자세히 설명하자면, 컴퓨터에서 한글을 사용하려면 자음과 모음을 '풀어쓰기'를 하는 수밖에 없었습니다. 예를 들어 '안녕하세요'는 'ㅇㅏㄴㄴㅕㅇㅎㅏㅅㅔㅇㅛ'로 표기해야 했습니다. 한글을 '모아쓰기'하고 쉽게 한자로 면환하는 기술이, 제가 개발하고자 하는 것이었습니다.

한자의 경우에는 당시 문교부 제정 상용한자 1850자로 표준을 삼았습니다. 그런데 남산 국립중앙도서관으로부터 다양한 도서들의 제목과 저자를 완벽하게 분류하기에는 턱없이 부족할 것이라서, 한자를 더 추가해야 한다는 요청이 왔습니다. 국내에는 그 이상 정해진 표준 한자가 없었기에 부랴부랴 일본에 수소문했습니다. 다행히 한자 5,000자의 모양과 배열을 기억하는 메모리 칩(마스크 롬mask ROM)을 입수할 수 있었습니다.

하지만 우리나라에서 쓰는 한자와 일본에서 쓰는 한자는 달랐습니다. 또다시 6개월간 밤을 새가며 한자의 모양과 음을 찾아내야 했습니다. 한국의 성씨姓氏 250여 자를 추가하고, 일본 한자는 걸러내며 국내 최초로 한자 5,000자 표준을 만들 수 있었습니다.

개발자의 길은 외롭고 험난하다는 것이 뼛속 깊이 느껴졌습니다. 알고리즘과 코드체계를 개발하기 위해 또다시 밤을 지새웠습니다. 수많은 시행착오를 거쳐야 했으며, 기술 문제에 부딪치면 누구의 도움도 청할 수 없어 혼자와의 싸움이었습니다. 통행금지가 있기도 해서, 퇴근해서 집에 오면 대개 자정이 넘었습니다.

하지만 집에서도 개발에 대한 생각으로 잠을 이룰 수 없었습니다. 계속 뒤척거리다가 번뜩 아이디어가 떠오르면, 통금이 해제되기가 무섭게 바로 나가 택시를 탔습니다. 그러던 날을 반복하다가 소프트웨어를 완벽하게 수정하고 문제가 해결된 것을 확인하는 순간, 저는 마구 뛰어다니며 환호성을 질렀습니다.

벌써 사십여 년 저의 일이지만, 그 기쁨만큼은 지금도 생생합니다. 컴퓨터에서 한글모아쓰기와 한자변환처리 기술의 근간이 되는 역사적인 순간이었습니다. 제가 최초로 개발한 그 기술이 오늘날 컴퓨터 및 IT 분야 발전에 핵심 기반 기술로 활용되고 있다는 것에 항상 자부심을 느낍니다.

이렇게 개발한 연구 결과를 토대로, 한국 최초의 한글, 영문, 한자 겸용 단말기와 프린터를 사업화하기도 했습니다. 1990년대 중반까지 국내 최고의 베스트셀러였죠. 상공부(현재 산업통상자원부) 장관상과 장영실 기술상을 수상했습니다.

하지만 기술만으로는 부족했습니다. 당시 주요 고객은 정부기관과 연구기관의 전산실이었는데, 편리한 단말기가 개발되었다는 입소문이 돌자 여기저기에서 제품테스트 요청이 쇄도했습니다. 예상하지 못한 갑작스런 시장 반응에 회사는 크게 기뻐하면서도 막상 대응할 만한 전문 인력이 부족한 상황이었습니다.

결국 개발자인 제가 직접 현장에 나서는 수밖에 없었습니다. 급한 인터페이스(주전산기 기기에 연결하는 개발 과정) 작업에는 전문 인력이 투입되어야 할 수 있었는데, 직접 영업 사원을 앞세워 전국으로 뛰어 다닐 수밖에 없었습니다.

또한 납품계약을 했으나 생산에 필요한 첨단 기술의 생소한 부품들을 구매하는 일이나 기술지원에도 인력이 없었습니다. 그 부분에서도 어쩔 수 없이 개발자인 제가 직접 해결하는 일도 많았습니다. 이리저리 뛰어다니다 보니 하루하루 힘겨웠지만, 개척자 정신, 개발자라는 자긍심이 지친 나를 다시 일으켜 세웠습니다.

직접 발로 뛰어다닌 이 경험은 현장 상황을 누구보다 잘 공감하고 이해할 수 있게 해줬고 훗날 경영자로서도 큰 자산이 되었습니다. 그 경험들을 통해 현장 마인드가 곧 기업 경영의 열쇠라는 신념을 가지게 되었습니다. 현장에서 직접 살피다 보면 고객의 편의에 가치를 두게 되고, 순발력 있게 문제를 해결하는 능력도 키우게 됩니다. 어떤 환경에서도 포기할 수 없는 힘이자 강한 핵심 역량을 얻게 됩니다.

마이크로프로세스라는 첨단 신기술에 새로운 비전을 세우고, 끊임없는 개발 마인드와 결코 포기하지 않은 도전정신이 가져다 준 결과입니다.

대한민국이 세계 최고의 디지털 기술과 문화를 주도 할 수 있는데 조금이나마 도움이 되었다는 것에도 자긍심을 가지고 있습니다.

최초의 통장 겸용 현금자동지불기
그러나 팔리지 않는 제품, 위기와 기회

서른 초반에 저는 상장기업의 연구소장 겸 사업담당 임원이 되었고, 그즈음 제 이목을 끈 것은 은행의 현금자동지불기^{CD}였습니다. 은행의 고객들은 기기에서 일을 처리하기보다 여전히 창구를 이용하는 것을 선호했습니다. 기기 이용률이 저조한 이유를 세심하게 조사해보니, CD기에서 통장을 사용할 수 없다는 게 결정적인 이유였습니다. 지금이야 누구나 카드 한 장 쯤은 들고 있지만, 그 당시 은행 고객 중 20%만이 카드를 발급받았고 대부분 통장만 갖고 있었습니다. 기기의 활용도를 높이려면 카드와 통장 모두 사용할 수 있게 해야 했습니다.

시장에 어떤 문제가 있는지 파악한 저는, 곧바로 신제품 개발에 들어갔습니다. 우선 핵심 기술을 확보하기 위해 세계적인 기술을 보유한 일본 후지쯔 그룹에 도움을 요청했습니다. 후지쯔 그룹과는 1984년부터 컴퓨터용 프린터가 개발을 위해 협력관계를 유지하고 있었고, 국내 시장 점유율 1위라는 성과도 올린 적이 있었습니다. 그러니 이 신뢰와 성적을 바탕으로, 새로운 사업인 현금자동화기기의 협력도 가능할 것이라고 믿었습니다.

하지만 예상과 다르게 후지쯔 그룹의 반응은 냉담했습니다. 돈을 다룬다는 점에서 기술 개발이 만만치 않다는 점과 보수적인 금융권을 상대로 신생업체가 시장 진입을 시도한다는 건 힘들다는 지적과 함께 부정적인 답변을 보냈습니다. 그래도 포기할 수 없었습니다.

우리의 계획은 단순히 제품을 수입해서 판매하겠다는 게 아니라, 한국 실정에 맞는 아이디어 제품을 개발하겠다는 전략이기에 오히려 기회라고 다시 한 번 설득했습니다. 그리고 끈질긴 설득 끝에 후지쯔는 파트너로서 제안을 받아들여줬습니다. 한국형 카드통장겸용 현금자동지불기의 개발이 시작되는 순간이었습니다.

기술적인 문제를 해결했으나, 후지쯔의 우려대로 은행을 고객으로 만드는 일은 호락호락하지 않았습니다. 신생업체에 대한 의구심은 물론 기존업체들의 방해도 심했습니다. 성과라 부를 만한 별다른 매출 없이 시간만 흘러갈 뿐인 상황이 계속되었고, 최고 경영진들은 시급히 대책을 마련해야 했습니다. 타 사업부 임원들의 비아냥거림도 견디기 힘들어졌습니다.

"개발을 주도했으니 사업도 책임지시오."

그러다가 결국 비난의 화살은 제게 집중되었습니다. 개발을 주도했다는 이유였고, 어쨌든 제가 시작한 일이 어떻게든 해결하는 시도라도 해보고 회사를 그만두든지 책임은 지자고 결심했습니다. 엔지니어 출신인 제가 할 수 있는 일이라곤 아주 단순했습니다. 매일 출근하자마자 은행 관계자들을 방문하는 것입니다.

그러나 금융권의 문턱은 아주 높았고, 수차례 찾아가도 쉽게 만나기 어려웠습니다. 어떤 때는 수년이 지나서야 겨우 기회를 얻은 때도 있었습니다. 다시는 기회를 얻지 못할 수도 있다는 마음에 매 미팅마다 기기의 필요성에 대한 자료 및 차별화된 제품이라는 점을 강조하며 전력을 다해 설득했습니다.

미팅 때는 이구동성으로 괜찮은 아이디어라고 관심을 보였으나 정작 구매 의사를 물으면 난색을 표했습니다. 금융권은 확실히 변화에 대해 보수적이었습니다. 게다가 정부의 금융규제와 규정이 바뀌어야 통장으로 출금이 가능한데 그것도 큰 걸림돌이었습니다.

첫 술에 어떻게 배부르겠습니까. 그래도 끈질기게 문을 두드릴 수밖에 없었습니다. 금융권이 워낙 보수적으로 나오니, 먼저 지방은행을 공략해서 교두보를 만들었고, 그 결과를 가지고 대형은행들로 확대해 나가는 계획을 세웠습니다. 다행히 예상대로 계획은 주효했습니다.

차근차근 성을 점령해 가듯이 기존 경쟁업체의 고객을 우리 편으로 만들어 나갔습니다. 고단한 하루하루였지만 또 내일엔 어떤 성과가 있을지 기대되기도 했습니다. 은행관계자들과의 만남은 여전히 쉽지 않았지만, 그래도 무작정 찾아가 기다렸습니다.

그렇게 우리 제품의 입지를 천천히 다지던 어느 날, 1995년 한국 금융 시장에 지각변동이 일어났습니다. 아파트 단지 내와 공공장소에 현금자동지급기를 설치한다는 법적 제도가 생겨, 기존 은행 유인지점 외에도 은행 업무를 볼 수 있게 된 것입니다. 그러니 은행의 무인 코너도 늘어났지만, 동시에 기존업체들의 기기들도 고장도 잦아지고 처리 시간도 길어져 은행 측의 불만도 커져갔습니다.

저는 이 상황에서 '장애체감지수'라는 용어와 개념을 도입해, 장애 처리시간이 지연되면 고객의 체감 불만이 높아진다는 것을 포착했습니다. 무인기기의 시장이 넓어지면서, 은행의 지점 내에서만 사용할 때는 미처 알지 못했던 일이 일어난 것입니다. 그러면서 드디어 은행에서 한국형 자동화기기의 필요성을 인식해, 5년 동안 거들떠보지도 않았던 우리 제품을 찾기 시작했습니다.

1996년부터 1997년까지 2년 동안 4,000여 대가 넘는 경이적인 판매 기록을 세울 수 있었습니다. 현장 관찰로 시작한 창의적인 고객지향의 제품이 드디어 때를 만나 눈부신 성과를 보여준 것입니다. 포기하지 않고 기다린 보람이었습니다. 시장의 변화와 맞물려 위기가 오히려 기업 성장의 기회가 찾아왔고, 그야말로 고생 끝 행복 시작인 것만 같았습니다.

그러나 그 시간은 그리 오래가지 않았습니다.

1997년 말 IMF 외환위기, 고난의 행진과 새로운 기회

IMF가 터지자, 대한민국은 나라가 송두리째 흔들렸습니다. 끔찍한 그때의 기억을 아직 잊지 못한 분들도 많을 것입니다. 저 역시도 당시 다니던 회사가 위기를 견디지 못하고 부도를 맞고 말았습니다. 이제 막 꽃을 피우려던 통장 겸용 현금지급기 사업도 순식간에 무너졌습니다. 하루하루 두려움과 절망만으로 지내게 되었습니다. 몇 개월째 월급은 고사하고 살고 있던 집도 경매에 넘어갈 판국이었습니다. 지푸라기도 붙잡고 싶은 심정이었습니다. 제가 잘 못한 것도 아닌데, 열심히 살았을 뿐인데 억울했습니다.

삶을 포기하고 싶을 만큼 괴로워서 한강변을 찾은 적도 있었습니다. 그럴 때마다 어린 아들 딸 가족이 떠올랐고, 제가 여기서 모든 걸 포기한다면 가족들은 더 큰 다른 고통에 빠질 것이었기에, 다시 발걸음을 돌렸습니다.

그래도 고난의 행군은 계속되었습니다.

"하필 부도날 회사의 제품을 선정한 까닭이 뭐냐?"

은행 내부에서도 누군가에게 책임을 전가해야 했기에, 별별 소리를 다 듣게 된 은행 담당 관계자들의 아우성이 빗발쳤습니다. 4,000여 대에 달하는 기기들의 AS마저 제대로 이뤄지지 않아서 고객들의 불만이 이만저만이 아니었습니다. 수년간 심혈을 기울여 개발한 한국형 통장 겸용 현금자동지급기였지만, 사업을 계속 추진하기에는 너무 어려운 상황이었습니다.

그렇지만 신생업체를 믿어준 고객들을 배신할 수는 없었습니다. 신생업체라는 위험부담을 안고 구매를 결정한 그들에게는 끝까지 최선의 노력을 다해야 하는 것이 도리라고 생각했습니다. 고객 은행을 수시로 방문하여 회사 상황을 정직하게 전하고 양해를 구했습니다. 그게 제가 할 수 있는 최소한 책임이자 역할이라고 생각했습니다. 피해서 해결

될 일은 없습니다. 심한 항의와 모욕을 받더라도, 화풀이 상대라도 되어 주며 정중하게 감수하기로 했습니다.

새벽마다 절박한 심정으로 기도를 하며, 하루하루를 시작했습니다.

하나님 회사를 살려 주십시오
직원들과 함께 일하게 해주십시오
우리 가족들을 불쌍히 여겨 주십시오
고객 은행들에게 끼치는 불편을 최소화시켜 주십시오
이 고통의 어두운 터널을 속히 지나가게 해주십시오
열악한 환경이지만 최선을 다하는
우리의 수고를 헛되지 않게 하시고
속히 돕는 손길을 보내 주십시오

저희의 이런 노력이 일본 후지쯔 그룹 경영진에 전해진 것일까요? 어느 날 후지쯔로부터 부도난 회사의 금융자동화기기 사업부문을 자산 인수방식으로 인수하여 한국에 자회사를 설립하겠다는 제안이 왔습니다. 눈에 휘둥그레 해진 저희는 서로 얼싸안고 환호했습니다. 이 기쁜 소식을 곧 바로 고객들에게 전하니, 은행들 역시 박수치며 같이 기뻐해 줬습니다.

악착같이 버티고 있다 보니 절망이 희망으로 바뀐 것이었습니다. 가히 기적이라고 부를 수 있었습니다. 회사에서도 포기한 사업이었지만, 직원들의 진정성 담긴 노력으로 결국 고객과의 약속을 지킨 것에 점에 크게 감동했다고 했습니다.

어려울 때 책임을 회피하지 않는 기업은 더욱 더 두터운 신뢰를 만들 수 있습니다. 고객들은 우리를 더 신뢰하게 되었으며, 후지쯔 그룹에서도 저에게 CEO 자리를 제안했습니다. 수차례 사양을 했지만 선택의 여지는 없어 보였고, 결국 '고객에 대한 무한 책임정신'을 밑거름으로, 회사를 설립했습니다.

CEO의 자리도 물론 쉽지 않았습니다. 저뿐만 아니라 사업의 존폐와 직원들의 생존이라는 더 큰 책임감을 지게 되는 자리였으니까요. 새로운 기회에 대한 기대감도 컸지만 중압감도 두려움도 만만치 않았습니다. 하지만 이런 두려움과 책임감이 동시에 있었기에, 더욱 겸손하고 더욱 최선을 다할 수 있었던 것 같습니다. 그렇게 정성을 다하는 세월들로 18년간 일본 외국기업 CEO의 대역사를 기록하게 되었습니다.

에필로그: 인생의 후배들에게

C-Suite Club, CSC는 국내외 기업 CEO들 40개사, 40명으로 구성되어 있습니다. 회원들 간의 친목 도모는 물론 기업 운영에 도움이 되는 네트워크 구축을 위해 만들어진 단체로서, 회원사들 상호 간에 WIN-WIN 생태계를 구축 중입니다.

이 책은 C-Suite Club의 첫 사업입니다. 글을 쓰는 사람들이 아니다 보니 처음에는 과연 할 수 있을까? 하는 반신반의의 마음으로 시작했습니다. 어떤 출판사에서 어떤 콘텐츠로 내세울 수 있을지 등을 얘기했고, 책의 주제를 가장 깊게 고민했습니다. 긴 토론 끝에 자랑만 하는 성공스토리보다는, 어떻게 힘든 시절을 뒤로하고 탈락하지 않고 여기까지 왔는지를 쓰는 것에 모두 동의했고 그렇게 이 책을 내게 되었습니다.

이 시대에서 성공은 대단한 것이 아니라, 평범한 사람으로서 작은 역경을 이겨 나가며 삶의 지혜를 배워나가는 것입니다. 누군가에게 자랑하기 위한 것이 아니라, 담담하게 저희의 경험을 그려나가는 것이 지금 힘들게 살아가고 있는 많은 이들에게 더 도움이 되리라 믿습니다. 같이 집필한 17명은 위인처럼 대단한 사람들도 아니고, 성공으로 유명해진 사람도 아닙니다. 지금 이 책을 읽고 있는 여러분과 같이, 자기 분야에서 남들보다 한 발짝 먼저 간 사람들입니다.

저희에게 공통점이 있다면, 바로 모두 실패를 경험했다는 것입니다. 실패의 어려움은 가슴 아프고 당혹스럽지만 열심히 노력해서 극복했습니다. 이제 모두 가정을 꾸려 자녀들도 잘 키우고, 타인에게 아쉬운 소리를 안 해도 되는, 어느 정도 여유가 있게 되었습니다.

저희는 그동안 누린 작은 혜택을 후배들에게는 제대로 못 물려준다는 미안함을 가진 사람들이기도 합니다. 아무쪼록 저희 경험이 많은 도움이 되었으면 하는 바람입니다.

회원사 대표 김귀남 드림.

실패, 아무것도 아니다
고난을 딛고 일어선 CEO 17인의 이야기

초판 인쇄 2022년 11월 22일
초판 발행 2022년 12월 1일

지은이   C-Suite Club

책임편집   심재헌
편집   김승욱 박영서
디자인   최정윤 조아름
마케팅   황승현 김유나
브랜딩   함유지 함근아 김희숙 고보미 박민재 박진희 정승민
제작   강신은 김동욱 임현식

발행인   김승욱
펴낸곳   이콘출판(주)
출판등록   2003년 3월 12일 제406-2003-059호
주소   10881 경기도 파주시 회동길 455-3
전자우편   book@econbook.com
전화   031-8071-8677(편집부) 031-8071-8673(마케팅부)
팩스   031-8071-8672
ISBN   979-11-89318-37-6 03320